슬기로운
스피치 생활

김채현 지음

도서
출판 행복에너지

슬기로운
스피치 생활

초판 1쇄 발행 2021년 11월 1일

지 은 이　김채현
발 행 인　권선복
편　　집　유수정
디 자 인　오지영
전 자 책　노유경
발 행 처　도서출판 행복에너지
출판등록　제315-2011-000035호
주　　소　(07679) 서울특별시 강서구 화곡로 232
전　　화　010-3267-6277
팩　　스　0303-0799-1560
홈페이지　www.happybook.or.kr
이 메 일　ksbdata@daum.net

값 17,000원
ISBN　979-11-5602-927-4　(13190)

슬기로운
스피치 생활

김채현 지음

Speech

도서
출판 **행복에너지**

Speech

슬기로운 스피치 생활

contents

Part1

스피치는 자신감에서 시작된다

Part2

스마트한 스피치

Part3

목소리로 인생이 바뀐다

Part4
충분히 방송인처럼 매력적으로 말할 수 있다

Part5
즐거운 하루는
상쾌한 말투와 긍정적인 말로 시작된다

Part6
진심이 담긴 스피치는 파워풀하다

프롤로그

동화작가로 유명한 안데르센의 대표작 중에 하나인 인어공주 이야기는 너무나도 유명하다. 인어공주는 바다 왕의 여섯 공주 중의 막내로 인간세상에 대해 호기심이 많다. 그러다가 어느 날 난파된 배에서 왕자를 구하고 멋진 왕자를 사랑하게 된다. 그를 너무 사랑한 나머지 왕자를 만나기 위해 인간의 다리를 얻기 위해 마녀에게 도움을 청한다.

왕자가 만약 다른 사람과 결혼하면 인어공주는 물거품이 되어 사라지게 된다는 마녀의 말에도 불구하고 인어공주는 마녀에게 이쁜 목소리를 내어주고 인간의 다리를 얻어 왕자를 만나러 간다. 왕자는 인어공주에게 많은 질문을 하지만 마녀에게 이쁜 목소리를 줘버린 인어공주는 어떠한 대답도 하지 못한다.

왕자는 인어공주에게 호감이 있지만 이웃나라 공주가 자신의 생명을 구해준 줄 알고 이웃나라 공주와 결혼을 하게 된다. 이때 인어공주가 "제가 왕자님을 구했어요."라고 말했다면 왕자와 인어공주는 결혼해서 행복하게 살 수 있었을 것이다. 그리고 "제가 왕자님을 구했어요."라고 말하는 목소리가 이쁘고 매력적이면 더 금상첨화일 것이다.

하지만 인어공주가 왕자를 구했다고 말로 표현하지 못했기 때문에 결국 인어공주는 물거품이 되고 만다.

아마 안데르센은 스피치의 중요성을 알았나 보다. 표현하지 못해 물거품이 되어버린 인어공주의 이야기처럼 우리의 일상도 마찬가지이다.

모든 인간관계는 말로 표현을 해야 한다. 면접이나 연애, 사업 등 모든 관계에서 표현을 하지 못하면 인어공주처럼 물거품이 되고 만다. 그리고 사람은 누구나 실수로 가끔 생각 없이 던지는 말로 상대방의 마음을 다치게 하거나 심란하게 하는 경우가 있다. 나 역시 생각지도 못하게 그럴 때가 있다. 늘 예쁘게 말하기 위해 노력하려고 하지만 나도 사람인지라 생각과는 다르게 실수를 할 때가 종종 있다. 그래서 늘 슬기로운 스피치 생활을 하기 위해 노력하려고 한다.

독자 여러분들도 『슬기로운 스피치 생활』을 통해 긍정적이면서 방송인처럼 매력적으로 말하는 방법과 이쁘고 듣기 좋은 편안한 목소리를 만드는 훈련으로 성공하는 스피치, 더 잘 되는 스피치를 하게 되어 슬기로운 사회생활을 할 수 있게 되길 소망한다.

Part 1

스피치는
자신감에서 시작된다

낙제생이었던 처칠이
영국 수상이 되기까지

처칠은 전쟁 기간 불안에 떨던 영국민에게 감동적인 방송 연설로 힘을 불어넣어 주었다. 심지어 편지봉투에 받는 사람의 이름을 쓰지 않고 '영국에서 가장 위대한 사람'에게 보내달라고 하면 그 편지는 처칠에게 보내졌다는 일화가 있을 정도로 처칠은 영국민에게 든든한 존재임이 분명했다.

만약 지금 우리나라에 전쟁이 터졌다고 상상을 해보자. 폭탄이 떨어지고 사랑하는 사람, 가족의 생사를 알지 못하는 생이별을 경험하게 된다면 얼마나 불안하고 슬픈 나날일까?

그때의 영국이 그랬을 것이다. 사람들은 참혹한 전쟁이 빨리 끝나길 바랐을 것이고 처칠의 방송 연설은 영국민에게 희망을 주었던 것이다. 이런 처칠이 학창시절에 학교 부적응 낙제생이었다면 믿어지겠는가?

처칠은 공작 존 스펜서 처칠의 삼남 랜돌프 헨리 스펜서 처칠과 미국의 부호 레너드 제롬의 딸 제니 제롬 사이에서 태어났다.

처칠은 학교에서 낙제생에 말썽꾸러기였다. 생활기록부 내용은 그야말로 가관이다.

'품행이 나쁜 믿을 수 없는 학생으로, 의욕과 야심이 없고 다른 학생들과 자주 다투며 상습적으로 지각하고 물건을 제대로 챙기지 못하며 야무지지 못하다.'는 내용이다.

영국민에게 등불 같은 존재인 처칠의 학창시절 모습은 전교 1등의 모범생이었을 것 같은데 놀랄 정도로 반대이다. 심지어 처칠은 말까지 더듬었다. 이런 처칠이 어떻게 영국의 수상까지 되었으며 셰익스피어, 뉴턴, 엘리자베스 1세를 제치고 위대한 영국인 100인 중 1위에 선정되었을까?

처칠은 '군인이 되어 나라를 지키겠다.'는 꿈을 가진 후 3수 끝에 샌드허스트 사관학교에 입학했지만 성적 때문에 기병을 택할 수밖에 없었다. 하지만 사관학교에서 적성을 찾았기 때문인지 150명 중 8등으로 졸업했다. 처칠은 종군기자로서의 경력에 관심이 있어 기자로 활동하고 책을 쓰면서 관심을 끌게 되고, 1899년 남아프리카 보어전쟁에서 포로가 되었다가 탈출하면서 전쟁영웅으로 떠오른다. 이런 인기를 바탕으로 보수당 후보로 출마해 하원 의원으로 당선되면서 정치 인생이 시작된다.

처칠은 팔삭둥이로 태어나 몸이 허약했다. 그래서 그는 육군사관학교에 입대하면서 2시간 이상의 체력훈련으로 신체적인 허약함을 극복하려 했고 하루에 다섯 시간이 넘는 독서와 연구를 통해 낙제생의 열등감에서 벗어나 지식인이 되었다. 그리고 혀가 짧아 말을 더듬어 생긴 무대공포증을 이기기 위해 길을 걸을 때마다 잘 되지 않는 발음을 항상 연습했고, 웅변연습까지 소홀히 하지 않았다. 그리고 본인의 소심한 성격을 이기기 위해서 가장 치열한 전투까지 참전하게 된다.

처칠은 라틴어와 수학을 싫어했지만 역사와 영어를 좋아하고 책을 좋아하는 독서광이었다. 특히 '로마제국 흥망사'를 즐겨 읽은 처칠은 이 책이 정치할 때 많은 도움이 되었다고 한다.

처칠이 이렇게 낙제생에서 영국민에게 가장 사랑받고 존경받는 총리가 되기까지는 노력을 통해 생겨난 자신감과 독서가 한몫을 하고 있었다. 책을 많이 읽은 처칠은 자신만의 확고한 지식 세계를 가지게 되고 그 자신감과 노력을 통해 영국민들의 마음을 울리는 연설을 함으로써 영국민들을 하나로 단결시킬 수 있었던 것이다.

노력과 자신감 그리고 독서가 처칠을 만들었듯이 스피치에 자신이 없는 분들도 떨려 할 것 없다.

말더듬이 처칠도 멋지게 해냈으니 말이다. 게다가 지금 낙제생인 학생들도 미래를 비관하고 있다면 그럴 필요 없다. 왜? 처칠도 낙제생에서 훌륭한 총리가 되었으니까! 좋은 본보기를 보여 준 처칠이 더 멋있게 느껴지는 이유이다.

윈스턴 처칠

정치 신인이었던 존 F. 케네디가
부통령이었던 닉슨을 이긴 전략은?

TV가 정치영역으로 들어가게 된 역사적인 토론이 있다. 바로 1960년 9월 26일에 있었던 케네디와 닉슨의 TV토론이다. 이 TV 토론은 미국 대통령 선거 사상 최초로 시도된 방식이었다. 이날의 토론은 미국 TV와 라디오로 전역에 생중계되었다.

토론이 열리기 전에는 사람들은 정치신인이었던 케네디보다 8년간 부대통령이었던 닉슨의 승리를 예상했다. 하지만 토론이 열린 후 닉슨은 불쌍할 정도로 긴장하며 식은땀을 흘렸다.

닉슨은 대면 토론에서 거의 진 적이 없었기 때문인지 케네디의 공격에는 역시 논리적으로 잘 대처했지만 표정이 딱딱하고 웃음기가 없었다. 그리고 닉슨은 토론 때 카메라를 보지 않고 케네디를 보면서 주장을 펼쳤다. 게다가 2주 전 무릎을 다쳐 병원에서 치료를 받아 아파보이기까지 했다. 반면 케네디는 시청자를 생각해 카메라를 응시하며 토론을 했으니 시청자가 보기에 케네디가 시청자들과 대화하는 느낌을 받았을 것이다.

무뚝뚝한 표정의 닉슨과는 달리 상냥한 미소와 적절한 제스처와 유머로 돋보인 케네디는 당시 흑백화면의 특성을 잘 이용하기 위해 일부러 피부를 구릿빛으로 그을리기까지 했다고 한다. 게다가 스튜디오 배경 색상과 비슷한 회색 양복을 입은 닉슨과 검정 양복을 입은 케네디. 당연히 케네디가 돋보일 수밖에 없었을 것이다. 그런 데다가 몸이 안 좋은 닉슨은 자주 눈을 깜박이고 불안해보이기까지 했으니 말이다.

TV토론의 결과로는 케네디의 지지율이 높았지만 라디오쪽의 반응은 여전히 닉슨의 지지율이 높았다고 한다. 라디오 지지율은 닉슨이 높은데 TV지지율이 그렇지 않다는 것은 편안하게 미소 짓는 표정과 호감이 가는 인상, 적절한 제스처가 얼마나 중요한지 보여주는 좋은 예이다. 결국 대중의 시선을 받은 존 F.케네디가 제35대 최연소 대통령으로 당선되었다.

이때부터 사람들이 친근하고 호감 가는 말투와 더불어 시기와 장소에 걸맞는 스피치 그리고 적절한 제스처와 웃는 표정, 옷차림과 자신에게 맞는 옷 칼라 등 이미지 메이킹의 중요성을 알게 되었다고 해도 과언이 아니다. 이 책을 읽다 보면 웃는 표정을 만드는 방법과 어떻게 호감이 가는 매력적인 목소리를 만들 수 있는지, 자연스럽게 제스처를 취하는 방법이 무엇인지 차차 배울 수 있을 것이다. 의외로 사람들 앞에 서면 웃기는커녕 얼굴 근육이 경직되고 목소리도 떨리며 이야기할 내용이 생각이 나지 않는다는 사람들이 많다.

기업 내 PT라든지, 사업상 만남 등 모든 사회생활에서 스피치는 정말 중요하다. 정치인들과 방송인들에게는 두말할 나위 없다. 만남 후에는 대화 즉 스피치로 상호관계가 시작된다. 하지만 걱정할 것 없다.

닉슨을 이긴 케네디도 반복연습을 통해 유머와 적절한 제스처를 가진 멋진 연설가가 된 것이니 말이다. 뒤에 차차 나오는 방법들을 꾸준히 연습한다면 케네디가 닉슨을 이긴 것처럼 사회생활에서 이기는 스피치를 구사할 수 있을 것이다.

케네디와 닉슨의 TV 토론

케네디와 닉슨

말더듬이 왕 조지 6세의
스피치 극복기

아카데미 시상식에서 작품상, 남우주연상, 감독상, 각본상 4개 부문을 휩쓴 영화 '킹스스피치'는 영국의 말더듬이 왕 조지 6세의 스피치 극복기를 잘 다룬 영화이다.

형인 에드워드 8세는 1936년 왕위에 올랐는데, 그는 이혼녀인 미국 여성을 사랑하고 있었다. 그 당시 영국법으로 이혼녀는 왕비가 될 수 없었고 더욱이 그녀는 미국 여성이여서 영국 왕실에서 환영받을 수 없었다.

왕실과 영연방 전체에서 이혼녀이자 미국 여성인 심슨 부인을 왕비로 받아들이지 않자 에드워드는 왕위에 오른 지 1년 만에 "무거운 책임을 맡는 일도, 왕으로서 원하는 바대로 임무를 수행하는 일도, 사랑하는 여인의 도움 없이는 불가능함을 알았다." 라는 말을 남기고 미련 없이 왕위를 버리고 사랑을 택했다. 개인적으로는 너무 멋있게 생각하는 세기의 로맨스의 주인공이라고 할 수 있다.

영화 같지만 실화인 에드워드 8세의 로맨스 이야기. 나라면 왕위를 버리고 사랑을 택할 수 있을까? 모든 것을 버리고 사랑을 택하는 남자가 또 있을까? 라는 생각도 들지만 아마도 많은 여성들은 에드워드 8세 같은 로맨티스트 남자를 만나고 싶을 것이다.

하지만 영국 국민들은 이 소식에 엄청난 충격에 빠졌다. 에드워드 8세의 청천벽력 같은 선택 때문에 왕위에 관심도 없던 조지 6세는 울며 겨자 먹기로 형의 뒤를 이어 왕위에 오르게 된다.

그는 소심하고 유약한 성격 때문에 사람들 앞에 나서는 것을 꺼려했고 심한 말더듬이었다. 실제로 그는 영국제국박람회의 폐회사를 엉망으로 만들어 대중 앞에서 망신을 당한 적이 있다고 한다. 아마 그 이후로 심적 부담감에 연설을 하기 더 힘들었을 것이다.

마음속에 자신감이 없고 불안하면 말문이 더 막히게 되기 때문이다. 이랬던 그였기에 왕위에 오르는 것을 두려워해 직위 전날까지도 어머니를 찾아가 형을 설득해 달라고 부탁했다고 한다. 하지만 결국 조지 6세는 왕위에 오르게 되고 말더듬이 왕을 가지게 된 영국 국민은 근심이 클 수밖에 없었다.

왕위에 오른 조지 6세는 마음을 고쳐먹고 왕으로서 책임을 다하기 위해 정치공부를 밤낮으로 했으며, 언어치료사인 라이오넬

로그를 고용해 말더듬이 현상을 극복해 나가기 시작했다. 그러다 몇 년 뒤 독일이 영국을 공격하고 2차 세계대전이 일어난다.

두려움에 하루하루를 떨던 영국 국민들에게 희망을 준 것은 바로 조지 6세였다. 그는 라디오로 국민들을 향한 연설을 시작했다.

"우리 모두가 굳은 결의를 가지고 신념을 잃지 않는다면 신의 은총으로 이 전쟁에서 승리할 것입니다."

예전엔 한 문장도 제대로 읽지를 못하며, 더듬기까지 하며 연설문을 힘겹게 읽던 그는 더 이상 없었다. 흔들림 없고 위엄 있고 힘에 찬 그의 연설은 불안하기 그지없어 하는 영국 국민의 마음에 희망의 등불이 되어 주었다.

조지 6세의 성공적인 연설은 영국 국민들에게 희망도 주었겠지만 더 이상 말을 더듬지 않는 그의 모습에 자연스레 감동도 따라왔을 것이다. 게다가 그는 2차 세계대전 중 죽을 위기를 겪으면서도 버킹엄궁에 남아 끝까지 국민과 함께하고 전쟁 중 상처와 굶주림에 고통받는 영국민들을 진심으로 돌보아 국민들의 사랑과 존경을 받는 왕이 되었다고 한다.

조지 6세는 형의 로맨스 때문에 얼떨결에 왕이 되었다. 그는 처음엔 국민들에게 환영받지 못한 왕이었지만, 콤플렉스를 극복하고 아직도 영국민의 존경과 사랑을 받는다. 그의 노력도 노력이지만 라이오넬 로그는 그를 어떻게 치료했을까? 그는 1차 세계대전

후유증으로 행동장애를 일으키고 말을 더듬게 된 병사들을 치료하면서 말을 더듬는 것은 후천적인 요인이라고 생각했다.

'왜 말을 더듬게 되었는지.' '말을 더듬게 된 그 사람의 심리가 불안한 이유'가 뭔지 라이오넬은 그 사람의 이야기를 들어주며 마음의 병을 치료하고 자신감을 준 후 복식호흡, 발음, 발성, 천천히 책 읽기를 통해 심리와 호흡을 안정시켜 주며 치료해 나갔다.

그는 좋은 친구가 되어주는 방식을 통해 많은 이들을 치료했던 것이다. 사실 사람들 앞에서 연설이나 PT를 못하는 사람들은 자신의 마음을 가만히 들여다볼 필요가 있다. 아마 '내 모습이 어색하지는 않을까', '손 위치는 어디에 두어야 되지', '아이컨택은 어떻게 해야 하나'라는 여러 가지 생각들이 머릿속을 먼저 떠돌고 있을 것이다.

머릿속이 정리가 되지도 않았는데 당연히 사람들 앞에서 말문이 트일 수가 없다. 그래서 스피치에는 자신감이 필요한 것이다. '오늘 PT 좋은데' '연설이 귀에 쏙쏙 들어왔어요.'라는 칭찬을 들을수록 마음속 걱정이 사라지며 자연스럽고 좋은 스피치를 하게 된다. 그래서 스피치 연습을 할 때 이런 걱정들을 쉽게 없앨 수 있도록 거울 앞에서 혹은 영상을 찍어서 연습하고 영상을 녹화한 것을 보면서 자신의 단점을 파악하고 단점을 보완하면서 반복연습을 하게 되면 자신감이 붙게 된다.

스피치를 치료할 때는 라이오넬처럼 그 사람의 이야기에 귀 기울이며 잘 들어주어야 한다.

대학생 친구의 스피치 수업을 진행한 적이 있다. 대학생 친구들의 수업을 여러 번 진행했지만 특히나 이 친구와의 수업은 기억에 남는다. 그 수강생은 너무 착하고 이쁜 친구였지만 PT할 때 목소리가 작고 손 위치가 불안하며 눈동자가 자주 돌아가 교수님께 지적을 많이 받아 고민인 친구였다. 복식호흡 연습 뒤 발성 연습을 시키는데 '아, 에, 이, 오, 우'를 소리 지르지 못하는 것이었다. 왜 소리 지르지 못하는지 물어보니 그 친구는 너무 착해서 상대방이 자기가 혹시 소리를 지르면 자신을 싫어하게 될까 봐 고민이 된다고 했다. 그래서 화를 낸 적이 한 번도 없냐고 물으니 한 번도 없다는 것이다. 천사도 이런 천사가 없었다.

성격이 급하고 욱하는 성질이 있는 나는 '가끔 내 성격을 줄여야지, 너무 소리를 지르면 상대방 기분이 나쁠 텐데.' 이게 고민인데 말이다.

그 친구에게 발성법은 목소리에 힘을 주는 연습일 뿐이고 소리를 시도 때도 없이 지르는 것도 아니고 필요할 때는 목소리를 높인다고 하여 상대방이 본인을 싫어하게 되지는 않는다고 마음을 조금씩 쓰담쓰담 해 주었더니 점차 발성 연습 때 소리를 내지르는 것이 좋아졌던 일이 있었다. 이와 같이 스피치는 심리가 큰 작용을 한다. 조지 6세와 라이오넬도 좋은 유대관계를 가지며 강박관념을 가졌던 심리를 치료하며 스피치 교육이 들어갔기에 말 더듬는 것을 고칠 수 있었다. 말을 더듬거나 스피치가 두려운 분들 너무 걱정할 것 없다. 내 마음속을 들여다보고 무엇이 고민인지 노트에 써도 좋고 아니면 머릿속에 정리를 한 후 하나씩 고민들을 해결해 나가면서 그다음에 스피치 연습을 시작하면 된다.

두려워하지 말자. 조지 6세와 윈스턴 처칠도 해냈으니 우리도 의지와 반복연습, 오뚝이 정신만 있다면 해낼 수 있다.

에드워드 8세와 심슨 부인

조지 6세와 라이오넬 로그.JPG

Part 2
......

스마트한
스피치

진실성으로
다가가라

　언행일치나 과묵함을 좋아하는 우리 문화는 달변가를 좋은 화자로 보지 않는다고 한다. 말만 잘한다고 해서 좋은 화자가 되는 것은 아니기 때문이다. 누가 들어도 말만 번지르르하게 잘하고 진실성이 결여되어 있다면 상대방은 그 사람의 말이 크게 와닿지 않을 것이다. 요즘 TV시청자들은 스마트하다. 연예인들이 방송에서 거짓말을 하면, 그의 진실성을 두고 갑론을박이 펼쳐지며 결국 해당 연예인이 대중들로부터 뭇매를 맞는 상황이 펼쳐지기도 한다.

　몇 년 전 한 연예인이 모 프로그램에서 음식 레시피를 자기가 만든 것이라며 방송에 나왔는데 알고 보니 다른 연예인이 다른 프로그램에서 이미 보여줬던 레시피였다. 시청자들은 귀신같이 발견하고 인터넷에 올리기 시작했다. 게다가 그 연예인이 다른 프로그램에서 한 말과 다르게 행동하고 말했던 몇 가지 일들까지 같이 비교분석해서 올렸다. 결국 해당 연예인은 거짓말을 잘한다는 꼬리표를 갖게 되었고, 이미지에 타격이 생겨 한동안 방송에 나오질 못했다.

그녀에게 팬들이 등을 돌린 이유는 무엇일까? 바로 진실성을 느끼지 못했기 때문이다. 게다가 한 번의 거짓말이 아닌 여러 번의 거짓말을 네티즌들이 비교분석해 올렸으니 팬들은 그가 양치기 소년처럼 느껴졌을 것이다.

언젠가 어느 TV프로그램에서 말을 잘해서 성공한 사람들의 사례를 보여준 적이 있었다. 나는 방송일도 하지만 스피치 기업 강의도 다니기 때문에 그 프로그램을 유심히 보았던 기억이 난다. 그 프로에서는 한 가지 실험을 했다. 길거리를 지나가는 사람들을 대상으로 한 실험이었다. 실험자가 길거리를 지나치는 사람들에게 물었다. "천 원만 주시면 안돼요?" 그러자 거의 대부분의 사람들이 그냥 무시하고 지나갔다. 실험을 마친 후 피디가 사람들에게 다가가 그냥 지나친 이유를 물어보았다. 그러자 사람들은 '모르는 사람이 무턱대고 천 원을 달라하니 그냥 지나갔다.'라고 대답했다.

이번에는 실험설정을 조금 바꿨다. 실험자가 사람들에게 다가가 다음과 같이 호소했다. "진짜 죄송한데 제가 오늘 면접 보는 날인데 지갑을 모르고 두고 와서요. 집에 다시 가게 되면 지각을 하게 되서 면접을 놓치는데 차비를 빌려주시면 안 될까요? 제가 면접 끝나고 집에 가서 꼭 계좌이체해 드리겠습니다." 라고 말하자 사람들은 정말 차비를 빌려주었다. 이전의 실험과는 다른 결과가 나온 것이다.

이번에도 피디는 사람들에게 다가가, 왜 모르는 사람에게 차비를 빌려주었냐고 물었다. 그러자 사람들은 상대방의 부탁에서 진실성이 느껴졌다고 대답했다. 오늘이 중요한 면접 날인데 차비 때문에 면접을 놓치면 안 되지 않느냐고 말하면서 말이다.

이 실험을 보고 '아 그래, 진실성을 느끼게 해주는 것이 정말 중요하구나.' 라고 생각했다.

저번에 첫 번째 책『스토리텔링 발표왕』원고를 출판사에 보내고 계약이 이루어진 후에 에디터가 그 책 내용 중 나오는 섬 이름과 몇 가지 부분들을 요즘 아이들이 좋아하는 것으로 다르게 수정하자고 제안을 해왔다.

에디터의 의견은 아무래도 요즘 아이들이 좋아하게 바꿔야 책 판매에 도움이 될 거라는 거였다. 물론 에디터의 생각이 나쁜 것은 아니었다. 그래야 책이 더 관심을 받을 수도 있을 테니 말이다. 상업적으로 더 많이 팔리면 좋겠지만 에디터가 말한 부분을 수정하면 내가 이야기하고 싶었던 중요한 부분이 변질된다는 생각이 들었다. 어느 정도 고리타분한 성격을 가지고 있는 나는 책일수록 더 순수해야 된다고 말하고 에디터와 회의를 거쳐 캐릭터를 귀엽게 바꾸고 내용은 수정하지 않았다.

트렌디하게 가고 싶었던 에디터의 생각도 틀린 것은 아니다. 하지만 당장 내 책이 많이 팔리지 않아도 사람들에게 좋은 영향을 줄 수 있는 책일수록 더 진실하고 순수하게 써야 한다는 것이 나의 작은 소신이다.

스피치에 진실과 순수를 담는 것. 사실 그것이 사람들의 마음을 움직이고 울리는 가장 좋은 스피치일 것이다. 시간이 좀 걸리더라도 말이다.

명쾌하게
스피치하라

'명쾌하다'라는 말의 뜻은 '말이나 글 따위의 내용이 명백하여 시원하다.' 이다. 한마디로 명쾌하게 스피치한다는 것은 속 시원한 스피치인 것이다.

누군가에게 질문을 던졌을 때 답변이 부정확하고 애매모호하다면 질문을 한 사람의 마음은 뭔가 개운하지 못하고 찝찝한 느낌이 들 것이다. 명쾌한 스피치를 하면 화자가 전문지식을 보유한 사람처럼 느껴지기 때문에 신뢰성을 더하게 된다. 그러므로 명쾌한 스피치를 하기 위해서는 말한 의도가 무엇인지 잘 드러나도록 해야 한다. 그리고 표현방식과 주장, 결론이 확실해야 명쾌하다.

명쾌한 스피치를 할 때 사람들은 그 내용에 더욱 공감을 하게 된다. 내용도 말 그대로 명쾌해야겠지만 목소리도 크고 발음도 정확하며 속도도 적당해야만 명쾌한 느낌을 준다는 것을 간과하지 말아야 할 것이다.

간결하게
말하라

말이 장황하게 길다고 해서 사람들의 마음을 울릴 수 있는 것은 아니다. 하고 싶은 말이 많다는 이유로 말이 길어지거나 강조하고 싶다고 했던 말을 또 하고 또 하면 듣는 사람은 금세 지루함을 느낀다. 그러면 오히려 그 말을 듣지 않게 된다.

방송 아카데미에서 리포터, MC반 수업을 하는데 그날 수업은 방송국 면접 갔을 때의 자기소개를 연습하는 거였다.

한 학생이 자기가 어렸을 때 시골에서 개구리 잡은 이야기부터 시작해서 성장과정을 이야기하는데 말이 하도 길다 보니 같이 수업을 듣는 친구들의 표정이 금세 지루해졌다.

그에 반해 발표분량은 짧지만 몇 마디의 말로 강한 인상을 줌으로써 다른 학생들의 주의를 끄는 발표도 있었다. 그 학생은 정말 짧게 엘(L), 오(O), 브이(V), 이(E) 하고 크게 손동작을 만들면서 이렇게 외쳤다. '저는 사랑을 나눠주는 멋진 방송인이 되겠습니다.' 이렇게 말하며 자기소개를 끝냈는데 길게 자기소개를 한 학생보다 훨씬 임팩트 있고 오랫동안 머릿속에 남았다. 이처럼 내용의 분량이 발표의 성패를 좌우하는 것은 아니다. 어쩌면 분량보다 더 중요한 것은 자신이 말하고자 하는 것을 간결하지만 얼마나 핵심적으로 전달하느냐의 문제일 것이다.

공중파의 경우, 방송국 아나운서 면접은 몇 천 명씩 지원을 한다. 그때 면접자가 무조건 자기소개를 길게 한다고 해서 면접관이 그에게 후한 점수를 줄까? 아니다. '아, 자기소개는 그만 하셔도 좋습니다.'라는 반응을 보일 것이다. 면접관도 수많은 지원자들을 봐야하는데 자기소개가 긴 걸 좋아할 리가 없다. 면접 보는 사람은 꼭 붙고 싶은 마음을 긴 말에 담으려 한다. 하지만 쓸데없는 말이 길어질수록 오히려 듣지 않고 지루해질 뿐이다. 이것은 방송국 면접뿐만 아니라 대입 면접, 다른 취업 면접 모두에 해당한다. 처칠의 연설 중 가장 유명한 것이 있는데 아이러니하게도 바로 단 한마디의 말만 남긴 연설이다. 바로 자신의 모교인 해로스쿨에서 한 연설인데 학생들은 아마 처칠이 어떤 연설을 할지 잔뜩 고대했을 것이다.

처칠은 단상에 올라가 청중들을 바라보다가 "포기하지 마십시

오."라고 말했다. 그리고 다시 한번 "절대로 포기하지 마십시오." 라고 외치고는 연단을 내려왔다. 청중들은 '이게 끝인가'라는 생각에 어리둥절해했다. 하지만 이내 곧 처칠의 짧은 연설에 깃들어 있는 깊은 의미를 알아차리고 우렁찬 박수가 터져 나왔다. 처칠은 시련과 고난 속에서도 자신의 삶을 절대 포기하지 않았고, 마찬가지로 청중들에게도 꿈을 포기하지 말고 항상 일어나라는 의미를 단 세 마디의 말에 진심을 담아 말했다. 그랬기에 짧은 연설이었지만 명연설로 사람들에게 기억되고 있는 것이다.

이 일화에서도 알 수 있듯이 말이 길거나 화려하지 않아도 상대방의 마음에 감동을 줄 수 있다는 것을 알 수 있다.

명심하자! 긴 말이 아니더라도 짧지만 진심을 담은 말이 더 강력하다는 것을. 말이 길어지면 되려 불필요한 말들이 자연히 늘어나게 되고, 반복되는 내용들 때문에 지루해질 뿐이다.

경청을 하라,
경청의 힘

'당신이 말을 할 때는 당신은 이미 알고 있는 것들만 이야기합니다. 하지만 당신이 경청할 때는 당신이 몰랐던 새로운 것들을 배우게 됩니다.' 바로 달라이 라마의 명언이다. 이 말은 경청의 중요성을 알게 해준다. 사실 성격이 불같이 급한 나는 경청의 중요성을 알면서도 내 말 먼저 하기에 급급할 때가 있다. 그러다 한번은 지인이 "채현, 한 번만 진정하고 내 말 좀 들어봐."라고 하길래 잠자코 내 말을 멈추고 상대방의 말에 귀 기울였다. 그러자 내가 생각하지도 못했던 이야기가 나왔고 '아, 이럴 수 있겠구나.' 라고 상대방을 더 이해하게 된 경험이 있었다. 그 후로는 내가 먼저 말을 급하게 하고 싶어도 이때의 경험을 떠올리며 '그래, 먼저 말을 들어보자.'라고 생각했다. 그리고 나니 마인드 컨트롤이 조금은 가능해졌다. 확실히 다른 사람의 말에 귀 기울이니 일할 때나 대인관계에서의 마찰이 줄어들었고 마찰이 생기더라도 원만히 해결된다는 것을 느끼게 되었다. 게다가 달라이 라마의 말처럼 다른 사람의 지식도 듣게 되니 새로운 것을 더 알 수도 있었다. 주변을 살펴보면 자기 말을 많이 하는 사람보다 남의 말을 잘 들어주는 사람이 인기가 높은 것을 알 수가 있다.

나 같은 경우도 힘들 때는 수다로 스트레스를 풀 때가 있는데 내 말을 잘 들어주는 사람이 있으며 왠지 그 사람이 더 의지가 되고 묵묵히 들어주는 모습에 신뢰가 높아지게 된다. 반대로 경청을 하지 않으면 상대방의 말을 정확히 알거나 이해하지 못하기 때문에 동문서답하게 된다. 그러면 상대방은 "내 말 듣고 있는 거야?"라며 화를 내게 되어 있다. 나는 열심히 말하는데 상대방이 다른 대답을 하면 짜증이 나지 않을 사람은 없을 것이다.

역사에서도 왕이 주변 사람들과 백성의 소리를 듣지 못한다면, 국가가 제대로 돌아가지 못하고 망한다는 말이 있을 정도였다. 세종대왕이 최고의 성군으로 꼽히는 이유 중 하나는 바로 백성들의 말을 잘 경청했기 때문이다. 세종대왕의 정책은 백성들과 신하들의 의견을 귀 기울여 듣는 것에서부터 시작되었다고 한다. 백성들의 소리를 귀 기울여 들었으니 백성들의 마음을 잘 헤아릴 수 있었을 것이었다. 그렇게 백성들을 위한 정책을 만들다 보니 태평성대가 이뤄질 수 있었고 지금까지도 최고의 성군으로 기억되는 것이다. 세종대왕은 백성들의 의견에 귀를 기울이기 위해 최초로 여론 조사를 하여 농민의 농사법을 엮어 농사교과서나 다름없는 『농사직설』을 편찬하기도 했다.

공자 역시 귀 기울여 듣기를 잘하여 공자와 제자들이 나눈 대화를 정리해서 낸 책이 바로 『논어』이다. 공자는 사람의 얼굴에서 입이 하나이고 귀가 두 개인 이유는 바로 말하는 것보다 듣는 것이 중요하기 때문이라고 했다.

스피치를 잘하는 것도 중요하지만 그보다 먼저 다른 사람의 말을 잘 들어주고 마음을 헤아려주는 것이 더 중요하다.

그리고 경청을 잘해서 다른 사람의 마음을 잘 헤아리게 된다면 스피치도 더 따뜻하게, 남을 배려하는 좋은 스피치를 하게 될 것이다.

세종대왕

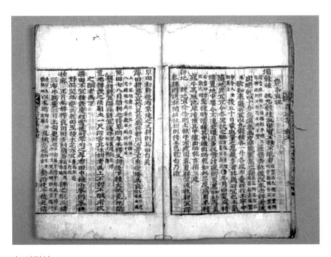

농사직설

역사를 바꾼 위인들의
스마트한 외교 스피치

① 전쟁 없이 말로 이긴 외교, 서희장군

윈스턴 처칠의 '역사를 잊은 민족에게는 미래란 없다.'라는 명언이 있다. 과거가 없으면 현재도 미래도 없겠지만 역사 속 이야기에는 우리가 배워야 할 점들이 많이 있다. 그리고 역사를 알면 실수했던 일들을 본보기 삼아 다시는 그와 같은 잘못을 반복하지 않도록 예방할 수 있고 배워야 할 점들은 잘 습득해 사용할 수 있다.

역사 속에서 스마트한 스피치로 전쟁 없이 압록강 일대, 강동 6주의 땅을 획득한 서희의 뛰어난 외교술을 살펴보자. 고려 성종 993년 10월에 거란이 80만 대군을 이끌고 압록강을 넘어 고려로 쳐들어온다. 고려는 봉산군 전투에서 참패를 하고 성종이 서경까지 직접 군사를 이끌고 나가지만 패배의 쓴맛을 보게 된다. 거란의 대규모 선제공격을 당한 고려는 도저히 안 되겠다는 결론을 내리며 거란에 땅을 떼어주라는 할지론을 내리게 되는 지경에 이른다.

이때 할지론을 반대한 신하가 서희이다.

서희는 거란과 담판을 짓기 위해 적진으로 가고 도착하자마자 예를 갖출 것을 요구하는 소손녕과 이를 거절하는 서희와의 날카로운 신경전이 시작된다. 서희는 소손녕의 신하가 아니므로 굳이 먼저 절할 이유가 없었고 결국 소손녕도 이를 받아들이고 서로 대등한 예를 갖추게 된다. 이제 서희와 소손녕의 대화를 살펴보자.

소손녕: 그대의 나라가 신라 땅 위에 세워졌고, 고구려 땅은 우리 땅인데, 그대들이 조금씩 침식해 들어갔다.

서 희: 고려는 고구려의 후손이다. 그래서 나라 이름도 고려라고 하고 평양을 도읍지로 하였다.

소손녕: 그래? 그래도 우리 거란과 국경을 접하면서도 바다를 건너 우리의 적국인 송나라만을 섬기다니 참을 수 없다.

서 희: 국경을 접하다니! 그 지역은 여진족이 도적처럼 차지

하고 있어서 거란과 교류하지 못할 뿐이다.

만약 여진족을 내쫓고 다시 우리 땅으로 만들어 성을 쌓고 도로를 만든다면 거란과 교류하여 지내겠다.

『고려사 열전』

서희는 과거 송나라에 사신으로 파견됐던 경험이 있어 소손녕의 의도와 생각을 정확하게 판단했을 뿐만 아니라 국제정세도 잘 파악하고 있었다.

서희의 담판으로 소손녕은 전쟁도 하지 않았고 압록강 일대, 강동 6주의 땅을 내어주고 고려와 국교를 시작하게 된다. 서희는 소손녕이 고려로 쳐들어온 것이 땅을 얻기 위한 것이 아니라 고려가 송나라와 연합하는 것을 막기 위함인 것을 정확히 파악했다. 그리고 소손녕의 주장을 잘 경청하고 답을 했다.

상대의 생각을 정확히 알고 대화해야 설득할 수 있다. 정확하게 상대방의 의중을 꿰뚫기 위한 경청과 사태를 파악하고 지혜롭게 말한 덕분에 서로에게 이득이 되는 좋은 결과를 얻는 서희의 외교

담판 이야기에서 우리는 외교를 하거나 대화를 풀어야 할 때 어떻게 해야 하는지를 배울 수가 있다.

② 처칠의 유머 외교

나는 개인적으로 처칠을 참 좋아한다. 그 이유는 낙제생이었고 문제투성이인 처칠이 노력으로 영국 최고의 수상이 되었기 때문이다. 처칠은 사람들에게 '나도 할 수 있구나.'라는 공감을 불러일으키며 꿈과 희망을 주는 좋은 본보기가 된다. 그는 불같고 고집스러운 불독에 비유되기도 했지만 그의 그런 신념이 없었다면 2차 세계대전을 승리로 이끌 수 없었을 것이고 우리는 어쩜 지금과는 다른 세상을 접하고 있을지도 모른다. 한편 처칠은 유머와 위트가 넘치는 것으로도 유명했다. 2차 대전 당시 처칠은 미국의 지원을 요청하기 위해 루즈벨트 대통령을 만나러 미국을 방문했다. 당시 미국의 루즈벨트 대통령은 의회의 압력으로 중립을 선언한 상태라서 난감한 상태였다. 호텔방에서 샤워를 하고 몸에 타올만 두르고 있던 처칠은 예고도 없이 갑자기 들어오는 루즈벨트를 보고 그만 깜짝 놀라 일어나는 바람에 타올이 벗겨져 알몸이 되고 말았다. 이 얼마나 난감한 상황인가!

당황하는 루즈벨트가 후다닥 방을 나가려 하자 처칠은 웃으면서 루즈벨트에게 말했다. "보시다시피 영국의 수상은 미국의 대통령에게 숨길 것이 아무것도 없습니다. 알몸처럼 모든 게 투명하고 솔직하지요."라고 말하며 난감한 상황을 위트와 유머로 넘기며 확고한 의지와 소신까지 더했다고 한다. 결국 루즈벨트는 처칠의 요구에 응해주었다. 난감한 상황에서 처칠처럼 재치 있게 유머와 위트를 발휘한다면 더 좋은 결과를 가져올 수 있다. 어렵고 난처한 상황이 오더라도 떨거나 얼지 말고 처칠의 일화들을 떠올려 유머와 위트를 활용한다면 어려운 상황들을 잘 이겨낼 수 있을 것이다.

처칠과 루즈벨트(가운데가 루즈벨트, 맨 오른쪽이 처칠)

③ 미국 역사상 가장 명언설로 꼽히는 링컨의 케티즈버그 연설

"국민의, 국민에 의한, 국민을 위한 정부는 이 세상에서 영원히 사라지지 않을 것입니다." 바로 그 유명한 링컨의 케티즈버그 연설 구절이다. 미국이 남북전쟁 중이던 1863년 11월 19일 케티즈버그에서는 숨진 병사들을 위해 전장의 일부를 국립묘지로 조성하는 헌정식이 거행됐다.

링컨의 연설 전에는 바로 당대 최고의 웅변가였던 에드워드 에버렛이 2시간 동안이나 화려한 만연체로 연설을 했다고 한다. 이 시대에는 간결하고 명료한 연설 대신 말을 최대한 길고, 화려하고, 복잡하게 말하는 것이 인정을 받았다고 한다. 그리고 사실 이날 연설의 주인공은 링컨이 아닌 에드워드 에버렛이었다. 에버렛은 하버드 대총장을 역임하고 국무장관, 주영미국대사, 미 의회 하원 및 상원의원 등 정계 요직을 역임한 당대의 명연설가였다. 이런 에버렛의 장장 2시간 연설 뒤가 바로 링컨의 연설이었다. 링컨의 연설은 3분이 채 걸리지 않았다.

하지만 이 짧은 연설은 오늘날에도 역대 미국 대통령의 연설 중에서도 가장 훌륭한 연설로 평가받고 있다. 이날 식장에 촬영기사도 있었지만 워낙 연설 시간이 짧아 사진 촬영도 하지 못했다고 한다. 그래서 아쉽게도 역사적인 링컨의 연설 모습의 사진은 없고 연설이 끝난

뒤 자리에 앉아있는 링컨의 사진만 남아있다고 한다.

링컨의 게티즈버그 연설의 평가는 이 당시에는 두 가지로 갈렸다. 시카고 타임스와 런던 타임스는 연설이 너무 평범한 나머지 부끄럽다는 식의 보도를 했다. 하지만 필라델피아 불레틴은 "대통령의 몇 마디 연설은 눈가를 촉촉하게 하고 가슴을 벅차게 했다."고 썼으며 시카고 트리뷴은 "링컨의 연설은 인류 역사에 길이 남을 것이다." 고 했다. 다음날 에버렛은 링컨에게 "각하께서 어제 봉헌식에서 간결하고 적절하게 각하의 생각을 표현하신 것에 대하여 진심으로 찬사와 존경을 보냅니다. 어제 장장 2시간에 걸쳐 한 제 연설이 각하께서 2분간에 정확하게 표현하신 봉헌식의 의미에, 조금이라도 근처에 갔다고 생각할 수 있다면, 그보다 더 기쁜 일이 없겠습니다."라고 했다고 한다.

그렇다. 지금 에버렛의 그 길고 화려한 2시간의 연설을 기억하는 사람은 아무도 없다. 하지만 링컨의 겨우 3분 남짓한 그 272단어의 이 짧은 연설은 사람들에게 자유와 평등의 정신, 그리고 민주주의의 본질을 일깨웠으며 사람들의 마음에 남는 연설이 되었다. 링컨의 연설 중 마지막 문장인 "국민의, 국민에 의한, 국민을 위한 정부"라는 말은 민주주의 이념을 간결하고 적절하게 표현한 연설로 평가된다. 이처럼 길고 멋있어 보이려는 화려한 말보다 간단하지만 명료하고 진심이 담긴 말이 심금을 울리고 사람들의 가습에 영원히 살아있는 것이다.

게티즈 버그 연설

④ 인도 독립의 아버지 간디의 재치와 언행일지 스피치

간디는 영국 식민지배에 저항해 비폭력 독립운동을 펼쳤으며 인도 역사에 가장 큰 영향력을 끼친 인물이다. 이런 간디에게 재미있는 일화들이 있다. 간디가 영국에서 대학을 다닐 때 자신에게 고개를 숙이지 않는 식민지인 인도 출신 학생을 탐탁치 않게 여기던 '피터스' 교수란 사람이 있었다.

간디가 학교 식당에서 피터스 교수 옆자리에 점심을 먹게 되었다. 그러자 피터스 교수는 "자네, 잘 모르는 모양인데, 돼지와 새가 같이 식사하는 일은 없다네."라고 말했다. 그러자 간디는

"걱정 마세요, 교수님. 제가 다른 곳으로 날아갈게요." 라고 답하였다. 여기서 간디의 재치를 발견할 수 있다. '피터스' 교수는 사실 돼지를 간디에게 비유하고 자신을 새로 비유해서 말한 것인데 만약 간디가 "뭐라고요, 내가 돼지라구요? 당신이 돼지지 내가 왜 돼지입니까?"라고 화를 냈다면 간디가 지게 되는 것이다. 하지만 간디는 너무 재치 있게 "제가 다른 곳으로 날아갈게요."라며 본인을 새에 비유하며 센스 있게 피터스 교수를 한 방 먹인 것이다.

간디의 재미있는 일화가 또 있다. 피터스 교수는 이 일로 약이 올라 시험 때 간디를 약 올리기 위해 만점에 가까운 점수를 받은 간디에게 질문을 던졌다. "길을 걷다 돈자루와 지혜가 든 자루를 발견했는데 자네라면 어떤 자루를 택하겠나?" 그러자 간디가 "그야 당연히 돈 자루죠."라고 대답했다. 교수는 "쯧, 만일 나였다면 돈이 아니라 지혜를 택했을 것이네."라고 했다. 그러자 간디는 "뭐, 각자 부족한 것을 택하는 것 아니겠어요."라고 답했다. 교수는 간디의 시험지에 '멍청이'라고 써서 돌려주었고 간디는 교수에게 "교수님, 제 시험지에는 점수가 없고 교수님의 서명만 있는 대요."라고 했다고 한다. 역시나 "교수님 제가 왜 멍청하죠? 교수님이야말로 멍청하신 것 같은데요."라고 화를 냈다면 아마 이 교수가 뜻한 대로 된 것이다. 하지만 간디는 재치 있게 교수님 서명만 있다고 하며 '교수님=멍청이'로 만들었으니 교수는 말문이 막혀

버렸던 것이다.

우리도 이런 비슷한 상황이 있을 때 화를 내는 것이 아니라 간디처럼 재치 있게 넘긴다면 분위기도 삭막하고 무거워지지 않으면서 상대방의 말문을 막히게 할 수 있다. 간디의 이런 재치 있는 일화도 있지만 언행일치를 지키는 일화도 있다.

단 것을 매우 좋아하는 아이를 둔 여인이 간디에게 "선생님, 도와주세요. 제 아들이 설탕을 지나치게 좋아하는데 제가 아무리 타일러도 제 애기는 듣지를 않아요. 선생님께서 말씀해 주시면 설탕을 끊겠다고 하네요."라고 간곡한 부탁을 했다. 간디는 "네, 알겠습니다. 보름 뒤에 아드님을 데리고 오세요."라고 말했다. 소년의 어머니는 보름 뒤에 소년과 함께 간디를 찾아갔다. 간디는 소년에게 "애야, 설탕을 너무 많이 먹게 되면 건강을 해치니 먹지 않는 것이 좋겠구나."라고 이야기했고 소년은 그렇게 하겠다고 약속을 했다. 그런 아들을 보며 어머니는 궁금했던 것을 물었다. "선생님, 근데 왜 보름 후에 다시 오라고 하신 거예요?" 그러자 간디가 대답했다. "아, 보름 전에는 저도 설탕을 먹고 있었기 때문에 설탕을 먹지 말라고 하려면 제가 먼저 끊어야 하는데 보름 정도 시간이 걸릴 것 같았습니다."

나도 이 일화를 보며 반성했다. 그동안 너무나 쉽게 말하고 쉽게 약속했던 나를 돌아보며 어찌나 부끄럽던지…. 한번 뱉은 말은 주워 담을 수 없다. 그만큼 책임감이 동반되는 것이다. 이렇게 작은 것 하나라도 약속을 지키는 언행일치의 모범을 보이는 간디가 있었기에 사람들은 간디를 더 신뢰하고 따랐으며 영국 식민지배에서 결국 인도가 독립할 수 있었던 것이다. 작은 말 한마디의 약속과 언행일치는 신뢰와 믿음의 열쇠가 되며, 이런 것이 모여 나중에는 큰 힘이 되는 것이다.

Part 3

목소리로
인생이 바뀐다

목소리로
인생이 바뀐 사람들

몇 년 전 TV를 보다가 우연히 MBC스페셜 '목소리가 인생을 바꾼다'라는 프로그램을 인상 깊게 보았다. 그 후 모튼 쿠퍼 박사의 책 『목소리를 깨워라, 삶을 바꿔라』를 냉큼 구입해서 읽었다. 모튼 쿠퍼 박사는 미국에서 '스타들의 목소리 박사'라고 불리는 스피치 분야의 선구자다.

MBC 스페셜 '목소리가 인생을 바꾼다'를 보면 목소리가 잘 나오지 않고 쉰 목소리가 나는 사람들이 모튼 쿠퍼 박사에게 치료를 받고 듣기 편안하고 안정된 목소리를 찾는 것을 볼 수 있다. 말하는 내용도 중요하지만 그 내용을 전달해 주는 매개체인 목소리야말로 가장 중요한 의사소통 수단이다. 아무리 좋은 내용이라 할지라도 내용을 말하는 이가 쉬고 긁는 목소리를 낸다면 듣는 상대방은 이야기를 길게 듣고 싶어 하지 않을 것이다.

반대로 '난, 그 사람하고 통화만 해도 기분이 좋아져. 목소리가 듣기 너무 좋아.' 이런 사람도 있을 것이다. 이런 사람들을 모튼 쿠퍼 박사는 마법을 가진 사람들이라고 표현했다. 좋은 목소리는 매력을 한껏 도드라지게 해주는 힘을 가지고 있다.

우리는 보통 사람들을 만날 때 상대방의 자세, 옷매무새, 머리 모양 등의 시각적 이미지가 기억에 오래 남을 것이라고 생각하지만, 사실 그보다 더 오래 남는 것은 바로 청각적 이미지라고 한다. 매력이라는 단어의 한자는 '도깨비 매(魅)'라는 한자를 쓴다. 이 한자는 '사람의 눈이나 마음을 호리어 끄는 힘'이라는 뜻을 지니고 있다. 목소리의 매력은 이처럼 사람을 끌어들이는 작용을 하기 때문에 모튼 쿠퍼 박사는 마법을 가진 사람들이라고 표현한 것이다.

여기 목소리로 인생이 바뀐 사람들을 소개해 볼까 한다. 멋진 목소리 하나로 노숙자에서 성우가 된 테드 윌리엄스이다. 테드 윌리엄스는 한때 노숙자였다. 그는 미국 오하이오주 콜럼버스 시 인근 고속도로 출구 앞에서 동냥을 하며 지냈는데, 어느 날 길을 지나던 지역 언론과 인터뷰를 하게 되었다. 인터뷰 하는 장면이 인터넷 사이트 유튜브에 올랐고, 그의 부드럽고 멋진 목소리가 세간에 알려지게 되면서 유명인사가 됐다.

'신이 주신 목소리를 지녔다.'고 적은 종이를 들고 도로변에 서 있던 윌리엄스가 지역 언론과 인터뷰를 한 이 동영상은 폭발적인 반응을 얻으며 성우 더빙료로만 달러를 제시받았고, 라디오 방송국 NBA팀 등으로부터 진행 요청을 제안받는 등 인생역전의 주인공이 되었다.

테드 윌리엄스는 더 이상 노숙자가 아닌 멋진 성우 겸 진행자가 된 것이다. 그가 그렇게 될 수 있었던 이유가 윌리엄스의 외모 때문일까. 아니다. 단지 목소리 하나로 인생역전을 했으니 목소리로 인생이 바뀐다는 말은 과언이 아니다.

존 길버트라는 무성영화시대의 유명한 잘생긴 배우가 있었다. 그는 당대 모든 남자들의 로망인 최고의 스타 여배우 '그레타 가르보'와 영화를 함께 많이 찍었고, 그러다보니 그레다 가르보와 스캔들이 자주 났던 행운의 주인공이기도 하다. 존 길버트는 얼굴이 잘생긴 배우로 손꼽히던 인물이었다.

1930년대로 접어들면서 영상에 사운드가 삽입되기 시작했다. 무성영화시대에서 유성영화의 시대가 열린 것이다. 그러면서 1910~1920년대 말까지 활동했던 배우들이 사시나무 떨 듯 긴장했는데 이유는 바로 목소리 때문이었다. 무성영화 배우들 중 목소리가 안 좋은 사람들이 있었는데 그런 배우들은 배역을 점점 맡을 수가 없게 되었다. 그중 한 명이 잘생긴 톱 배우 존 길버트였다.

존 길버트는 발음도 좋지 않았다고 한다. 그러니 멋진 목소리로 사랑고백이 필요한 영화의 장면에선 팬들의 반응이 좋을 수 없었다. 그렇게 점점 내리막길을 걷게 된 것이다.

테드 윌리엄스는 목소리 때문에 노숙자에서 성우로 인생역전을 하고 존 길버트는 목소리 때문에 탑배우에서 점점 내리막길을 걸었다. 모튼 쿠퍼 박사의 말대로 건강하고 효과적인 목소리는 성공을 부르는 마법의 소리와도 같은 것이다.

존 길버트

노숙자 테드 윌리엄스

성우가 된 테드 윌리엄스

QR을 찍어 영상을 확인해 보세요

노숙자에서 성우로 인생역전한 테드 윌리엄스

희망의 목소리로 실패를
성공으로 역전환한 폴 포츠

폴 포츠는 한국에 수차례 방문을 해서 우리에게도 너무 친근하고 친숙한 존재다. 그의 인생역전 스토리는 너무나 유명할 뿐만 아니라 많은 사람들에게 감동을 준다. 게다가 그의 성공스토리는 우리에게도 '꿈은 이루어진다.'라는 희망을 심어주기에 충분하다.

폴 포츠는 미국 노래 오디션 프로그램인 영국 TV '브리튼즈 갓 탤런트'에 출연해 당시에 천상의 목소리로 전 세계 사람들을 놀라게 만들었다. 폴 포츠는 평범한 휴대폰 세일즈맨으로 허름해 보이는 복장과, 푸근한 동네 아저씨 같은 외모와 조금은 자신감 부족해 보이는 느낌을 주었기 때문에 그를 보고 기대하는 사람은 아무도 없어보였다. 심사위원인 아만다가 "폴, 오늘 무엇을 준비해 오

셨죠?"라고 묻자 폴이 대답했다. "오페라를 부르려구요."

그의 대답이 끝난 후 사람들은 '어머, 말이 돼? 잘 못 들었나?' 라는 표정을 짓는다. 그러나 그의 노래가 시작되고 처음엔 심드렁한 표정으로 그를 바라보았던 관중들과 심사위원들은 점점 놀란 표정으로 바뀌고 객석은 환호와 열광의 분위기로 무르익어 간다.

독설을 하기로 유명한 심사위원 사이먼은 이렇게 호평한다. "당신이 핸드폰 가게에서 일한다고요? 그리고 이런 노래를 부르고요, 눈을 확 뜨게 만드는 신선한 공기 같네요. 사실 기대하지 않았었는데 당신은 정말 기막히게 멋졌습니다." 아만다는 "조금만 다듬으면 다이아몬드가 될 작은 석탄 조각 하나를 우리가 지금 막 발견했네요."라고 말했고, 피어스 역시 "당신은 정말 훌륭한 목소리를 가졌군요. 이런 식으로 계속 노래한다면 이 대회 전체를 통틀어 가장 사랑받는 승자 중 하나가 될 수 있을 거예요."라고 평가했다. 이후 폴 포츠는 1등을 거머쥐게 되고 첫 무대 영상은 유튜브에서 누적 조회 수 1억 건이 넘는 조회 수를 기록했다. 오디션이 끝나고 발매된 1집 앨범 'one chance'는 영국에서 4만장 이상 판매한 앨범에게 주어지는 '트리플 플래티넘'을 수상하고, 전 세계적으로 만 장 이상의 앨범이 판매되며 대성공을 거두게 된다. 또 2014년에는 그의 실화를 다룬 영화까지 개봉되며 많은 사람들에게 사랑을 받고 감동을 주게 된다.

폴 포츠는 어렸을 때부터 왕따를 당했고 혼자 있을 때는 언제나 노래를 불렀다. 성악가라는 꿈도 꾸었지만 교통사고와 종양으로 포기한 적도 있었다. 하지만 그는 평범한 휴대폰 판매원 일을 하면서도 결코 자신의 꿈을 포기하지 않고 끝내 자신의 꿈을 이루고 사람들에게 할 수 있다는 희망과 감동을 주고 있다. 목소리가 가진 위력은 폴 포츠의 예에서도 보여주듯이 엄청나게 크다.

목소리 하나만으로도 사람의 마음을 움직이고 감동을 주기도 하며 많은 이들의 심금을 울릴 수 있다. 폴 포츠의 경우는 멋지고 훌륭한 목소리뿐 아니라 그가 역경을 딛고 일어서면서 좌절하지 않고 꿈을 결국에 이뤄냈다는 점에서 사람들에게 좋은 귀감이 된다.

폴 포츠

QR을 찍어 영상을 확인해 보세요

폴포츠 브리튼즈 갓 탤런트 예선 영상

첫인상을 결정하는 중요한 역할, 목소리

첫인상이란 말 그대로 첫눈에 느껴지는 인상을 말한다. 사람은 보통 누군가를 만났을 때 극히 짧은 3초 안에 그 사람에 대한 평가와 결론을 내게 된다. 미국UCLA 심리학과 앨버트 메라비안 교수는 첫인상에 영향을 미치는 인자는 시각적 요소 55%, 청각적 요소 38%, 언어적 요소 7%임을 밝혀냈다.

첫인상에 영향을 미치는 요소 메라비안의 법칙

이것을 '메라비안의 법칙'이라고 한다. 첫인상을 좌우하는 요소 중 시각적 요소는 55%를 차지한다. 여기서 말하는 '요소'란 외모가 잘생기고 못생긴 것을 말하는 것이 아니라 표정, 복장, 헤어스타일, 제스처 등을 말하는 것이다. 예쁘고 잘생긴 것이 아니라 밝고, 단정하며 호감 있는 외모가 중요하다. 자신감과 눈빛, 웃는 얼굴 등 친근감을 주는 것이 바로 호감을 높이는 것이다.

아무리 잘생기고 예쁘다고 하더라도 그 사람의 외모가 친근감이 가지 않고 너무 차가워 보인다면 호감이 가지 않는 경우가 많다. 외모적인 요소를 떠나서 서글서글한 인상의 사람이 더 매력적이며 인기도 높다.

두 번째로 첫인상의 38%를 차지하는 청각적 요소는 음색과 말투, 음성, 고저, 또박또박한 발음을 뜻한다. 차분하고 여유 있는 모습으로 또렷하게 말하면서 상대방의 말을 잘 경청한다면 호감을 더 잘 얻을 수 있다. 학창시절이나 사회에서도 항상 남의 고민을 잘 들어주는 사람은 인기가 많은 것을 볼 수가 있다. 그리고 듣기 좋고 편안한 목소리를 낸다면 호감도는 배가 될 것이다. 목소리의 중요성은 앞에 테드 윌리엄스, 존 길버트, 폴 포츠의 이야기만 봐도 알 수 있다.

세 번째로 7%를 차지하는 언어적 요소는 컨텐츠이다. 유머와 위트가 넘치고 시의적절한 내용 역시 호감을 얻는 데 중요하다. 즉, 말의 내용이 첫인상을 결정하는 7%인데 아무래도 3초 안에 결정되는 첫인상에서 말의 내용보다는 시각적이고 청각적인 부분이 더 큰 영향을 차지할 수밖에 없다. 말의 내용이 논리적이고 유머와 위트가 더해진다면 시간이 흐를수록 더 매력적으로 보이게 된다.

첫인상이 좋아 호감의 정도가 높으면 상호간의 대인관계는 다음 단계로 발전하게 된다. 예를 들어 소개팅이나 선을 보는 자리에서 첫인상이 좋아 호감이 생기면 '다음에 영화를 같이 보자고 할까?' '분위기도 좋고 맛있었던 그 맛집 다음에 같이 가자고 할까?'라는 생각을 하며 다음 만남을 어떻게 이어갈 것인가를 고민하게 될 것이다.

사업을 하는 사람도 마찬가지이다. 첫인상이 좋고 믿음직스러워 보인다면 '사람 참 괜찮아 보이는데 비즈니스 파트너를 같이해도 괜찮겠어.'라고 생각하고 그다음 단계의 일을 같이 모색할 것이다. 반대로 첫인상이 좋지 않아 호감의 정도가 낮으면 '저 사람 인상이 안 좋은데 나한테 뭔가 피해를 입히는 거 아냐'라는 생각으로 양자 간의 대인관계는 단절되게 된다. 사실 첫인상만으로는 그 사람에 대해 다 알 수 없는 법이다. 오히려 인상은 안 좋은데 알고 보면 너무 착한 사람도 있고 인상이 좋은데 시간이 흐르니 참 이기적인 사람도 있다.

문제는 사실 참 좋은 사람인데 첫인상이 안 좋으면 사람들은 그 사람을 그냥 안 좋은 사람이라고 믿어버리려고 하는 습성이 있다는 것이다. 즉, 한번 생긴 첫인상은 쉽게 바뀌지 않는데 이것을 '콘크리트 법칙'이라고 한다.

어떤 사람은 한번 이미지화된 첫인상을 바꾸는데 무려 40시간의 재면담이 이루어져야 한다고 말하는 사람도 있을 정도이다. 과학자들은 사람의 뇌가 처음보고 느낀 것을 가장 오래 기억하도록 구조화되었다고 말한다. 그러니 사실 좋은 사람인데 첫인상이 좋지 않아 괜히 오해를 산다면 얼마나 억울한 일인가. 이미지를 바꾸는 데 상당한 시간이 걸리니 말이다.

사회에 나온 후에도 다양한 시험과 면접들이 기다리고 있다. 이때 승패를 결정하는 첫인상을 좋게 보이려고 노력을 해야 한다. 시각적인 부분은 단정하고 미소를 띤 얼굴과 매너 있는 모습, 자신의 얼굴을 잘 살려주는 칼라의 옷을 입는 등의 노력을 할 수 있고, 청각적인 부분으로는 듣기 좋고 또박또박한 발음으로 편안하게 귀에 쏙 들어오는 자신만의 개성 있고 매력 있는 목소리를 연습하면 된다.

자, 그럼 이제부터 중요한 첫인상을 좌우하는 듣기 좋고 편안하게 자신만의 개성 있는 매력만점의 목소리를 어떻게 만들 수 있는지 알아보자.

Part 4

충분히 방송인처럼
매력적으로 말할 수 있다

매력적인 목소리 만드는 첫 번째 스텝:
목소리의 생명, 복식호흡

앞에서 첫인상을 결정하고 인생이 바뀔 수 있는 목소리의 중요성을 언급했다. 게다가 목소리는 이미지를 결정하는 데 중요한 역할을 한다. 예를 들어, 배우 이영애 님은 사람들이 청순하고 단아하며 깨끗한 이미지로 생각을 한다. 근데 만약 목소리가 남자같이 걸걸하고 허스키한 목소리가 나온다고 가정해 보자. 아마 목소리 때문에 청순한 이미지가 확 깨질 것이다.

배우 이미숙 님은 도시적이고 세련되며 섹시한 이미지이다. 근데 만일 이런 이미지를 가진 사람이 쉰 목소리에 뭔가 긁는 듯하고 갈라지는 듯한 목소리를 가졌다고 가정을 해 보자. 마찬가지로 목소리 때문에 도시적이고 세련된 이미지는 사라질 것이다. 배우 이선균님의 경우는 부드러운 목소리 때문에 로맨스 드라마의 주인공을 많이 맡는다. 이렇듯 목소리는 첫인상과 이미지를 결정하고 성공하는 인생으로 바뀔 수 있는 중요한 요소이다. 그렇다면 어떻게 하면 매력적인 목소리를 가질 수 있는지 알아보자. 매력적인 목소리를 만드는 첫 번째 스텝은 바로 복식호흡이다.

　모래 위에 성을 쌓으면 무너지듯이 건강하고 듣기 좋은 목소리를 만드는 데 가장 중요하고 기초가 되는 것이 바로 복식호흡이다. 그래서 관공서나 기업 강의, 성인 스피치 및 어린이 스피치 수업을 진행할 때도 항상 복식호흡의 중요성을 강조한다. 학교 모임에서 선배님 중 암수술로 유명하신 의사 선생님이 계셨다. 그분을 모시고 특강이 진행된다고 해서 이날 오랜만에 여러 선배님들도 뵙고 안부도 여쭐 겸 모임에 참석을 했다. 그날 암 전문 수술 선배님의 강의는 너무 유익했고 감동적이었다. 워낙 평판이 높으신 암 전문 의사 선생님이시기에 아픔은 없으시고 승승장구만 하셨을 것 같은 모습이었다. 그런 모습 뒤에는 남모를 아픔이 있었다. 아드님이 고3 때 불치의 병으로 일찍 하늘나라로 간 것이다. 남들은 생각치도 못한 아픔을 겪으시면서 그만큼 환자의 마음을 더 이해하시고 환자의 입장을 더 생각하게 되신 것 같았다. 그런 이야기를 들려주시면서 암에 걸리지 않는 예방법을 설명하셨다. 많이 웃기, 등산하기, 적당한 운동, 몸 따뜻하게 유지하기 등의 말씀을 하시다가 '복식호흡'을 하라고 하시는 거였다.

순간 나는 귀가 번쩍 뜨였다. 강의 때 좋은 목소리 만드는 데 기본이라고 늘 복식호흡의 강조성을 얘기했는데 하물며 암 예방에 복식호흡이 좋다니. 선배님께서는 복식호흡이 면역력 강화에 도움이 된다고 하셨다. 나는 그 말을 듣는 순간 무릎을 탁 쳤다. 목소리에만 도움을 주는 줄 알았던 복식호흡이 면역력 강화에 도움이 되어 암 예방에도 좋다니 얼마나 좋은 일인가.

강의할 때 수강생들에게 이 이야기를 해주면 복식호흡 연습을 더 열심히 할 것 같다는 생각이 들었다. 다음 강의 때는, 복식호흡이 목소리뿐 아니라 건강에도 좋다는 이야기를 빨리 전달하고 싶어 마음이 조급할 지경이었다.

강의를 듣는 수강생들 중에 많은 분들이 긁는 듯한 쉰 목소리도 변할 수 있는지 궁금해 하신다. 물론 답은 예스다. 지금부터 복식호흡 하는 방법들을 차근차근 해나간다면 부드럽고 듣기 좋은 목소리로 바뀔 수 있다. 단 연습과 훈련이 필요하다.

자, 그럼 좋은 목소리를 만드는 데 중요하고 건강에도 좋은 영향을 주는 복식호흡 방법을 알아보자.

일반적으로 사람들은 흉식호흡을 한다. 흉식호흡은 우리가 일상적으로 가슴으로 하는 호흡을 말하며 이는 흉곽운동을 기반으로 한다. 그리고 복식호흡은 횡경막 운동을 기반으로 한다. 복식호흡을 하면 전달력이 좋고 소리가 더 윤기 있고 깊은 소리가 나며 공명감이 살아난다. 하지만 방송인 아나운서들이 항상 복식호흡을 하는 것은 아니다. 가장 좋은 호흡은 두 가지 호흡을 섞어서 생활하며 조화롭게 하는 호흡이다. 복식호흡은 꾸준한 훈련을 바탕으로 해야 한다. 먼저 고운 목소리의 시작은 바른 자세에서 비롯된다. 바른 자세는 자신감이 있어 보이며 좋은 인상을 주게 되고 목소리도 좋아진다.

먼저 앉아서 하는 복식호흡을 살펴보자.

반가부좌 자세로 앉아 허리와 머리를 곧게 펴서 바른 자세를 만들어주고 손은 가볍게 양 무릎 위에 올린다. 그리고 코로 4초간 천천히 숨을 들이쉬면서 아랫배가 팽창하도록 한다. 이때 아랫배를 빵빵하게 만들어 주는 것이 중요하다. 풍선을 불었을 때의 느낌으로 배를 빵빵하게 만들어줘야 한다. 그리고 6초간 숨을 멈추었다가 8초 동안 입으로 숨을 천천히 내뱉는다. 강의를 할 때 분명 코로 숨을 들이쉬고 입으로 숨을 천천히 내뱉으라고 방법을 알려주고 복식호흡을 같이 해보는데 간혹 숨을 뺄 때 입을 벌리지 않는 분들이 꼭 있다. 입으로 천천히 숨을 내뱉어야 하는데 어디로 숨을 내뱉느냐고 물어보면 '아' 이러시면서 웃음을 터뜨리곤 다시 제대로 연습을 하신다. 반드시 코로 숨을 들이마시고 입으로 내뱉어야 한다. 그리고 코로 숨을 들이마셨을 때 반드시 올챙이배처럼 혹은 풍선을 불었을 때의 배처럼 빵빵해져야 한다.

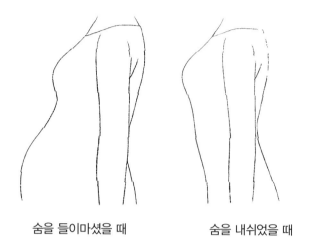

숨을 들이마셨을 때   숨을 내쉬었을 때

복식호흡 정리

1) 4초 동안 코로 숨을 들이마신다.
   └,배가 올챙이배처럼 빵빵해져야 한다.

2) 6초 동안 숨을 멈춘다.

3) 8초 동안 입으로 천천히 숨을 내뱉는다. 이렇게 5회씩 반복하
   도록 한다.

앉아서 복식호흡 하는 방법이 버겁다면 평평한 바닥에 누워서
복식호흡을 하면 쉽게 할 수 있다. 곧게 누워 긴장을 풀고 배가

홀쭉해진 상태에서 4초간 숨을 들이마신다. 마찬가지로 배가 빵빵해지도록 하고 6초간 숨을 멈춘 뒤 8초간 숨을 입으로 서서히 내뱉어준다. 몸에 긴장을 풀고 안정적으로 숨을 쉬려면 복식호흡이 좋다.

어른들은 긴장이 될 때 깊게 심호흡을 한다. 그 이유는 복식호흡을 통해 숨을 깊게 내쉬면 긴장이 완화되고 정신집중이 잘되는 효과가 있기 때문이다. 또한 복식호흡을 하면 몸에 안정을 찾아주어 불면증에도 좋은 효과가 있다고 한다. 청중들이 많이 던지는 질문 중에는 이런 것도 있다. 발표나 PT 전에 긴장 되어 엄청 떨리는데, 어떻게 하면 떨지 않고 안정할 수 있냐는 질문을 많이 하신다.

그때 가장 좋은 방법은 바로 복식호흡이다. 복식호흡이 힘들면 숨을 길게 들이마시다가 길게 내쉬는 호흡을 수차례 반복하며 '내 마음은 편안해'라는 자기 암시를 주는 것도 좋은 방법이다. 앞에서 복식호흡이 건강에 좋다고 말했는데 풍부한 공기를 몸 속 깊숙한 곳까지 공급해 주기 때문이다. 그래서 등산을 가서 복식호흡을 하면 좋은 공기를 우리 몸에 주기 때문에 건강에 더 좋다고 하는 것이다. 복식호흡을 하면 폐에 더 많은 공기를 채워주기 때문에 한 번의 호흡으로 떨림 없이 길고 안정적인 스피치를 할 수 있도록 해준다. 그리고 내 폐활량을 집에서도 측정할 수 있다. 스톱워치를 맞춰놓고 '개구리 뒷다리~' 하고 소리내어 보자. '리~'라는 단어를 소리 내면서 몇 초간 유지할 수 있는지 초를 재보면 된다.

복식호흡을 많이 연습할수록 6초에서 15초 아니 30초까지도 늘어나는 것을 볼 수 있다. 재미 삼아 가족들과 몇 초가 나오는지 게임을 해봐도 좋다. 그리고 풍선을 이용하여 호흡의 양을 체크할 수 있다. 크게 숨을 들이마시고 풍선에 힘껏 숨을 채운다. 그리고 풍선의 크기를 확인하면 된다. 그러면 한 호흡에 숨을 어느 정도 담는지를 확인할 수 있다.

■ 복식호흡 할 때 어려운 점이 있다면? 어떤 점이 있는지 아래 칸에 적어보자.

_____

_____

_____

_____

_____

_____

_____

_____

_____

_____

_____

_____

_____

_____

■ 나의 폐활량 측정 늘어난 초 수 기재하기

월　　일　－　　초

월　　일　－　　초

월　　일　－　　초

월　　일　－　　초

월　　일　－　　초

월　　일　－　　초

월　　일　－　　초

월　　일　－　　초

월　　일　－　　초

월　　일　－　　초

월　　일　－　　초

월　　일　－　　초

월　　일　－　　초

월　　일　－　　초

월　　일　－　　초

월　　일　－　　초

월　　일　－　　초

월　　일　－　　초

월　　일　－　　초

월　　일　－　　초

월　　일　－　　초

내 목소리에 파워를 실어주는 발성법

이제 복식호흡 연습이 끝났으면 목소리에 파워를 실어주는 발성을 연습해 보자. 발성 연습은 말의 전달성을 정확히 하는 데 많은 도움이 된다. 발성은 내 목소리에 파워를 실어주게 된다고 생각하면 된다. 발성 연습을 하면 목소리가 시원하게 앞으로 뻗어나가게 된다.

연극배우들이 연극할 때의 목소리를 생각해 보자. 큰 공연장에서는 마이크 없이 관객들에게 정확하고 큰 목소리로 대사를 전달한다. 만약 배우들이 발성 연습이 제대로 되어있지 않아서 개미만한 목소리로 대사를 한다면 관객들은 무슨 내용인지 몰라서 짜증을 내게 될 것이다. 연극배우가 아니더라도 많은 사람들이 자신의 목소리가 잘 전달되지 않는 것 같아 고민인 사람들이 많다. 그렇다면 목소리의 전달력을 높여 주는 발성은 어떻게 연습해야 할까? 일단 발성 연습 역시 복식호흡처럼 바른 자세에서 시작해야 한다.

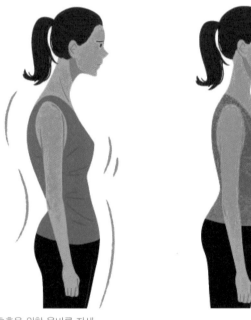

건강한 복식호흡을 위한 올바른 자세

바른 자세란 허리와 등 머리가 일직선이 되는 상태이다. 그리고 발성연습은 절대 고개를 숙이고 하면 안 된다. 고개를 숙이면 발성의 통로가 막혀 소리가 시원하게 뻗어나가질 못하게 된다. 바른 자세에서 입을 크게 벌리고 배에 힘을 준 상태에서 밑의 도표에 적힌 글자를 발음하며 연습해 보자.

가 갸 거 겨 고 교 구 규 그 기

나 냐 너 녀 노 뇨 누 뉴 느 니

다 댜 더 뎌 도 됴 두 듀 드 디

라 랴 러 려 로 료 루 류 르 리

마 먀 머 며 모 묘 므 무 므 미

바 뱌 버 벼 보 뵤 부 뷰 브 비

사 샤 서 셔 소 쇼 수 슈 스 시

아 야 어 여 오 요 우 유 으 이

자 쟈 저 져 조 죠 주 쥬 즈 지

차 챠 처 쳐 초 쵸 추 츄 츠 치

카 캬 커 켜 코 쿄 쿠 큐 크 키

타 탸 터 텨 토 툐 투 튜 트 티

파 퍄 퍼 펴 포 표 푸 퓨 프 피

하 햐 허 혀 호 효 후 휴 흐 히

발성 연습을 하면 힘 있고 건강한 목소리를 내게 된다. 힘 있고 건강한 목소리란 복부근육을 자유롭게 수축시키며 폐 속의 공기를 힘 있게 내보낼 때 성대가 진동하면서 내는 소리를 말한다.

발성 연습을 할 때는 입을 크게 벌리고 연습해야 한다. 그렇지 않으면 일명 '안으로 먹는 소리'가 나게 된다. 좋은 스피치의 기본 세 가지 조건은 다음과 같다. 목소리는 크게, 발음은 정확하게, 내용은 조리 있고 논리적이어야 좋은 스피치라고 할 수 있다. 복식호흡과 발성은 좋은 스피치를 하기 위한 가장 기본적이면서도 중요한 연습이다.

이 연습은 입 안에서 우물우물하면서 자신 없어 하는 목소리를 없애는 데 도움이 된다. 입을 크게 움직이면서 과장되게 반복연습을 해본다. 이번에는 거리에 따른 발성 연습을 해보자. 만약 옆에 '지영'이란 친구가 있다고 생각하고 이름을 불러보자. 그다음에는 지영이가 신호등 건너편에 있다고 생각해 보고 이름을 불러보자.

옆에 있을 때보다는 더 크고 멀리 들리도록 소리를 내야 할 것이다. 이번에는 지영이가 내 도시락을 들고 학교 운동장을 달리고 있다고 생각해 보자. "지영아, 내 도시락 돌려줘."라며 있는 힘껏 소리를 쳐서 지영이를 불러야 할 것이다. 이게 바로 거리에 따른 발성 연습법이다. 산 정상에서 '야호'를 크게 외치는 것과 같은 소리이다. 산 정상에서 크고 시원하게 '야호'를 외치는 것도 좋은 발성을 내는 데 좋은 방법이다.

거리에 따른 발성법의 좋은 예

1. 가까운 거리 이름 불러보기
2. 횡단보도에 있다고 생각하고 이름 불러보기
3. 산 정상에서 야호 외쳐보기

매력적인 목소리 만드는 세 번째 스텝:
내 목소리의 주파수 찾아주기

스피치 강의를 하는 분들과 이비인후과 전문의가 공통적으로 말하는 좋은 목소리 톤은 바로 '솔' 톤이라고 한다. 여기서 말하는 '솔' 톤이란 도 레 미 파 솔 의 솔을 말한다. 하지만 사람들은 '솔' 톤을 어떻게 맞추어야 하는지 어려워한다.

'솔' 톤에 맞추면 좋은 목소리 톤을 낼 수 있는데 어떻게 '솔' 톤에 맞추어야 할까?

대부분 어려워서 그냥 포기하시는 분들도 있다. 우리가 감기에 걸리면 쓰는 마스크 부위인 바로 입과 코 주위에 음조의 초점이 맞으면 더 듣기 좋고 건강하면서도 탄력 있는 목소리가 나온다. 예를 들어 라디오 주파수인 91.9MH가 91.4MH나 91.6MH에 맞춰졌다면 라디오 소리가 깨끗이 나오지 않고 지지직하는 잡음 소리가 날 것이다.

우리의 목소리도 마찬가지로 내 목소리의 주파수인 '솔' 톤을 찾아야 깨끗하고 생생하고 전달력이 좋은 매력적이면서 건강한 목소리가 나온다. 다들 어려워하는 내 목소리의 주파수 맞추기를 다행히 모튼쿠퍼 박사의 방법으로 쉽게 맞출 수 있다. 모튼쿠퍼 박사는 미국에서 '스타들의 목소리 박사'로 불리우며 목소리와 스피치 분야의 선구자이다.

모튼쿠퍼 박사는 UCLA의 교수이고, 언어치료 분야에 있어서 세계적인 권위자로 인정받고 있다. 자, 그렇다면 목소리와 스피치 분야의 선구자인 모튼쿠퍼 박사의 쉬운 방법으로 내 목소리의 주파수를 잘 맞추는 방법을 찾아보자.

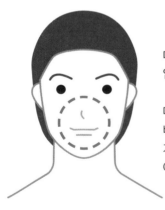

마스크는 콧등과 코의 양 옆 부분 그리고 입 주위 부분을 포함한 부위다.

마스크란 이름은 고대 그리스 시대의 남자 연극 배우들이 남녀 양성을 연기하기 위해 마스크로 가리고 이 부위를 통해 목소리를 증폭시킨 데 에서 유래되었다고 한다.

얼굴 마스크 부위

모튼쿠퍼 박사는 목소리의 주파수인 '솔' 톤을 찾기 위해 '인스턴트 음성 버튼'을 만들었다. '인스턴트 음성 버튼'은 흉골 바로 아랫부분인 횡경막 부분을 말한다. 쉽게 말해 우리가 밥을 급하게 먹고 체했을 때 누르는 부위이다. 모튼쿠퍼 박사는 이 횡경막인 '인스턴트 음성 버튼'을 자신의 이름을 따서 'C-SPOT'이라고 이름 붙였다. C-SPOT에 손가락을 대고 아래위로 가볍게 흔들어 주면서 '음~'소리를 내면 이것은 목소리를 얼굴까지 올라가게 해준다. C-SPOT을 위아래로 가볍게 흔들면서 '음~'소리를 내고 다른 손으로는 얼굴 마스크 부분이 떨리는지 확인을 하면 된다. 이때 나는 목소리가 바로 내 목소리의 주파수에 맞춰진 가장 좋은 목소리이다. '음~' 소리를 낼 때 너무 낮은 소리를 내면 마스크 부분에 떨림이 느껴지지 않거나 코 위쪽이 떨리게 된다. 그러면 마스크 부분으로 음조의 초점이 맞추어지지 않은 것이므로 반드시 한 손으로 마스크 부분이 떨리는지 확인을 해야 한다. '음~' 소리를 내면서 마스크 부분이 떨린다면 이제는 숫자를 섞어서 연습해 보자. '음~일', '음~이', '음~삼', '음~사', '음~오', '음~육', '음~칠', '음~팔', '음~구', '음~십' 숫자를 섞어서 연습한 후에는 문장을 섞어서 도전해 보자. 어려운 문장이 아닌 쉬운 문장으로 시작해보자.

'음~나'

'음~는'

'음~이'

'음~쁘'

'음~다'

　　나는 이쁘다 혹은 나는 멋지다 이렇게 쉬운 문장으로 연습해
본다. 사람은 소리에 쉽게 영향을 받는다. 듣기 좋고 아름다운 소
리는 정신에 좋은 영향을 주는 반면 듣기 안 좋고 불쾌한 소리는
좋지 않은 결과를 가져온다고 한다. 목소리는 근본적으로는 소리
의 한 형태이기 때문에 듣기 좋고 아름다운 목소리는 매력을 높여
주고 사람들에게 호감을 얻는다. 모튼 쿠퍼 박사의 목소리 훈련법
은 많은 유명인사와 연예계 스타들의 인생을 바꿨다고 한다. 목소
리란 그만큼 인생을 성공으로 바꾸어줄 수 있는 중요한 요소다.
복식호흡, 발성, 마스크 음조 초점 맞추는 연습을 통해 멋진 목소
리에 한 걸음씩 더 다가가 보자.

QR을 찍어 영상을 확인해 보세요

말할 때 목소리의 중요성

매력적인 목소리 만드는 네 번째 스텝:
듣기에 편안한 정확한 발음 구사하기

발음이 중요한 이유는 발음이 부정확하면 상대방이 무슨 말을 했는지 잘 알아들을 수 없기 때문이다. 즉, 전달력이 떨어지게 되는 것이다. 그래서 "네? 뭐라구요? 다시 한번 말씀해 주세요."라고 말하게 된다. 목소리가 크고 발음이 정확한 사람과 대화를 하게 되면 그 사람과의 대화가 명쾌하고 시원하게 느껴질 것이다. 반대로 목소리도 작고 발음이 웅얼웅얼 무슨 소리를 하는지도 모르는 사람과 대화를 하면 왠지 모르게 피곤함을 느끼게 된다. 운동도 하지 않았는데 왜 피곤함을 느낄까? 그것은 바로 그 사람의 말을 잘 알아듣기 위해 신경을 곤두세웠기 때문이다. 자, 그렇다면 듣는 상대로 하여금 피곤함을 느끼게 하지 않고 대화를 명쾌하게 느끼게 해 줄 발음 연습을 어떻게 해야 할까?

정확한 발음을 위해서는 우선 조음기관을 부지런히 움직여주어야 한다. 조음기관이란 볼, 입술, 혀, 턱, 얼굴 근육 등을 말한다. 몇 년 전에 화제가 되었던 기자가 있다. 생방송 뉴스 진행 중에 스튜디오에서 현장에서 대기 중인 기자를 불렀다. "현장에 나가 있는 ○○○ 기자, 나오세요."하고 화면이 바뀌었는데, 방송이 현장에 연결되었을 때 그 기자가 입이 얼어버려서 발음이 부정확해지고 말도 제대로 하지 못해 재미있는 영상으로 이슈가 되었었다.

녹화방송이 아닌 생방송이라 그 기자는 현장에서 스튜디오와 연결되었을 때 실수하지 않으려고 스텝들과 현장에서 추위에 떨며 대기하고 있었던 것이다. 하지만 워낙 추운 날씨라 그만 얼굴이 얼어버렸고 말을 제대로 하지 못한 기자의 영상은 인기 있는 영상이 되었었다. 그때 시청자들은 그 기자를 다 이해하며 재미있다고 화제가 되었던 기억이 있다. 이 기자의 발음이 평소에도 어눌할까? 그렇지 않다. 평소에는 발음이 무척 정확한데 그날 얼굴이 얼어서 발음이 되지 않았던 것이다. 얼굴 근육이 활성화되어야 발음이 정확하다는 것을 알려주는 좋은 예이다. 자, 그렇다면 얼굴 근육을 잘 풀어주기 위한 연습은 어떻게 하면 될까? 먼저 아에이오우를 입모양으로 크게 만들면서 소리를 뱉어낸다. 볼 근육을 다 사용할 수 있을 정도로 최대한 입을 크게 벌리면서 연습한다.

5번 정도 연습을 하고 두 번째로 입술을 털어본다. 만약 푸르르~ 하고 입술털기가 잘 안 되면 두 번째 손가락 2개로 입꼬리를 미소 짓 듯이 살짝 올린 채로 연습을 해본다. 이때 주의할 점은 손가락으로 얼굴을 세게 누르는 것이 아니라 살짝만 갖다대는 것이 중요하다. 그 리고 입을 크게 벌려서 똑딱똑딱 하면서 5번씩 연습해 본다. 얼굴 근 육이 활성화되면 발음이 더 쉬워지고 좋아지기 때문에 조음기관을 충분히 풀어주는 것이 좋다.

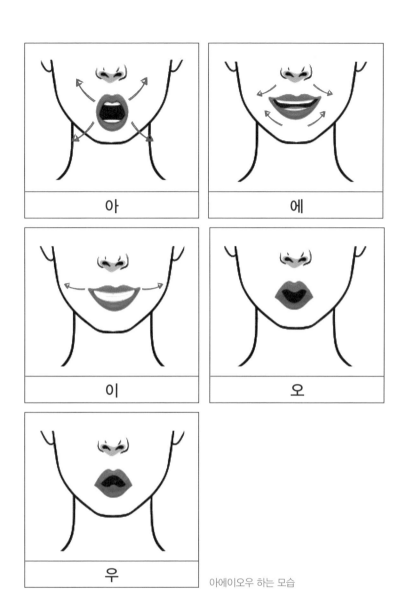

아	에
이	오
우	

아에이오우 하는 모습

■ 다음에서 제시되는 지문들을 따라 읽으며 말하기 연습을 해 보자.

지문1. 발음 연습 문장

→ 작은 토끼 토끼통 옆에는 큰 토끼 토끼통이 있고, 큰 토끼 토끼통 옆에는 작은 토끼 토끼통이 있다.

→ 검찰청 쇠 철창살은 새 쇠 철창살이냐 헌 쇠 철창살이냐

→ 신진 샹송가수의 신춘 샹송쇼

→ 간장공장 공장장은 강 공장장이고, 된장공장 공장장은 장 공장장이다.

→ 내가 그린 구름 그림은 새털구름 그린 구름이고, 네가 그린 구름그림은 솜털 솜털구름 그린 그림이다.

→ 철수 책상을 새 철책상으로 바꿀까, 새 쇠책상으로 바꿀까.

→ 저기 저 한국항공화물 항공기는 출발한 한국항공 화물 항공기인가 출발 안 한 한국항공화물 항공기인가.

→ 작년에 온 솥 장수는 새 솥 장수이고, 금년에 온 솥 장수는 헌 솥 장수이다.

→ 한영양념장점 옆에 한양양념점, 한양양념장점 옆에 한영양념장점.

→ 멍멍이네 꿀꿀이는 멍멍해도 꿀꿀하고, 꿀꿀이네 멍멍이는 꿀꿀해도 멍멍하네.

→ 서울특별시 특허허가과 허 과장.

→ 앞집 팥죽은 붉은 팥 풋 팥죽이고, 뒷집 콩죽은 햇콩 단콩 콩죽이고, 우리 집 햇콩 단콩 콩죽 깨죽 먹기를 싫어하더라.

→ 장점포장 상장 상점은 윗층 왼쪽 큰 상가이고, 검정포장 옷장 상점은 위층 뒤쪽 새 상점이다.

→ 저기 저 뜀틀이 내가 뛸 뜀틀인가 내가 안 뛸 뜀틀인가.

→ 우리 집 옆집 앞집 뒷창살은 홑창살이고, 우리 집 뒷집 앞집 옆창살은 겹홑창살이다.

→ 챠프포프킨과 치스챠코프는 라흐마니노프의 피아노 콘체르트의 선율이 흐르는 영화 파워트웨이트를 보면서 켄터키 후라이드 치킨, 포테이토 칩, 파파야 등을 포식하였다.

→ 저기 있는 저 분은 박 법학박사이고, 여기 있는 이 분은 백 법학박사이다.

먼저 이 문장들의 모음부터 발음을 연습해 보자. 예를 들어 "저기 있는 저분은 박 법학박사이고, 여기 있는 이분은 백 법학박사이다." 에서 '어 이 이 으 어 우 으 아 어 아 아 아 이 오 여 이 이 으 이 우 으 애 어 아 아 아 이 아' 이렇게 모음만 입을 크게 벌리고 연습한 후 다시 문장을 읽으면 좀 더 수월하게 발음이 될 수 있다.

단 입 안에서 웅얼거리지 말고 내뱉듯이 입 모양을 크게 만들면서 연습하는 것이 중요하다. 그리고 어려운 단어를 발음하는 것이 잘 되지 않으면 볼펜을 물고 그 단어를 천천히 연습해 본다. 볼펜은 너무 굵지 않은 얇은 볼펜이 좋다. 모나미 볼펜 정도의 두께가 좋다. 볼펜을 무는 위치는 입 안쪽 말고 바깥쪽으로 물어주고 앞니로 가볍게 문다는 느낌으로 물어준다. 입 안으로 물면 혀가 움직이는 공간이 생기지 않기 때문이다. 볼펜을 물고 단어를 빠르게 읽으면 안 된다. 혀의 위치를 잘 잡아주고 기억할 수 있게 하기 위해서는 천천히 읽어야 한다는 것을 명심하자. 잘 되지 않는 어려운 단어를 볼펜을 물고 먼저 5번씩 연습해 준다. 그리고 볼펜을 빼고 그 단어를 발음해 본 후 그래도 발음이 잘 되지 않으면 5번씩 더 연습한다. 볼펜을 물고 어려운 단어가 들어있는 문장을 연습해주는 것도 좋다. 인터넷 기사들의 문장을 볼펜을 물고 천천히 연습해 준 후 다시 볼펜을 빼고 연습해 본다. 이렇게 반복 연습을 하다보면 어려웠던 발음이 더 정확하고 좋아지는 것을 느낄 수 있을 것이다.

지문2. 볼펜 물고 날씨 기사 문장 연습해 보기

오늘, 전국의 하늘이 흐립니다. 낮까지 곳곳에는 비도 내렸는데 지금은 대부분 그쳐서 구름만 많은 상태인데요. 단 구름이 볕을 가리면서 낮 동안 서늘하겠습니다. 오늘 서울과 대전의 낮 기온은 23도, 광주는 24도 선에 머물겠습니다. 내일도 전국 곳곳에 비가 내리겠습니다. 새벽부터 아침 사이에는 충청남부와 남부지방에, 오후부터 밤 사이에는 경기북부와 강원 영서북부, 제주도에 5에서 20mm의 비가 오겠습니다.

비구름 뒤로 찬 공기가 들어와서 한층 더 쌀쌀해지겠습니다. 월요일 아침에 서울은 10도, 화요일에는 9도까지 기온이 뚝 떨어지겠고요. 찬바람이 불어서 체감온도는 더 낮겠습니다. 일교차는 점점 심해지겠습니다. 따뜻한 옷들 미리 꺼내두시고요. 감기 조심하시기 바랍니다. 날씨였습니다.

지문3. 볼펜 물고 MC 대본 연습해 보기

① 안녕하세요. 청소년은 우리의 미래를 짊어질 존재들이기에, 우리 사회는 적극적으로 그들의 적성과 잠재력을 개발할 수 있는 여건을 마련해 주어야 합니다. 그렇다면 어떻게 그들의 적성과 잠재력을 개발하도록 도울 수 있을까요? 이러한 고민을 안고 설립된 곳이 한국청소년진흥센터인데요. 청소년 활동론 이번시간에는 대한민국 청소년들이 세계의 주역이 되도록 청소년 지원프로그램을 마련하고 청소년 정책을 구현하는 청소년진흥센터에 대해서 알아보도록 하겠습니다.

② 생활이나 자연에서 신체단련, 자질배양, 취미개발, 정서함양과 사회봉사로써 배움을 실천하는 체험활동이 청소년 수련활동입니다. 그래서 청소년 수련활동은 단순한 놀이나 행사가 아니라, 교육적인 활동인 것입니다. 이러한 청소년 수련활동을 통해, 우리의 청소년들은 자신들의 꿈과 이상을 더 크고 넓게 가질 수 있을 것입니다.
앞으로 청소년활동진흥센터가 청소년들이 더욱 건강하고 행복하게 살아갈 수 있는 터전을 마련하는데 늘 열린 눈과 마음을 가지고 지원하기를 기대해 봅니다.

지문4. 볼펜 물고 MC 대본 연습해 보기2
(○○○에 본인의 이름을 넣어 연습하세요.)

안녕하세요~ '클릭박스'의 귀염둥이 ○○○입니다. 여러분은 극장에서 주로 어떤 간식거리를 즐기시나요? 올해 초, 한 영화 전문 사이트에서 네티즌들을 대상으로 설문 조사를 한 결과인데요. 극장용 간식거리로는 음료수가 58.5%로 1위를 차지했고요. 팝콘이 51.7%, 오징어가 22%로 3위에 올랐습니다. 혈액형 별로는 B형은 음료수, AB형은 팝콘과 오징어를 선호하는 성향이 상대적으로 높았고요, AB형은 나쵸를 비교적 좋아하는 것으로 나타났다고 하네요.

그리고 영화관람 후에도 혈액형별로 다른 행동을 보여줬는데요. B형은 식사를 하거나 주변 거리를 걷는 반면, O형은 술을 마시면서 상대와 대화를 나누는 성향이, A형과 AB형은 바로 집으로 귀가 하는 성향이 다른 혈액형에 비해 높게 나타났습니다.

여러분들은 어떠신가요? 지금 제 얘기에 고개를 끄덕거리고 계신가요? 자~ 목요일 '클릭박스' 출발합니다.

지문5. 이중모음만 모아둔 발음훈련

이중모음만 모아둔 어려운 발음 훈련을 해보자.
정확한 입 모양을 만들면서 연습해 본다. 다음의 글자를 소리내
어 발음해 보자.

갸 괴 겨 귀 교 궤 규 계 과 괘 궈 걔

냐 뇌 녀 뉘 뇨 눼 뉴 녜 놔 눠

댜 되 뎌 뒤 됴 뒈 듀 뎨 돠 돼 둬

랴 뢰 려 뤼 료 뤠 류 례 롸 뢔 뤄

먀 뫼 며 뮈 묘 뭬 뮤 몌 뫄 뭐

뱌 뵈 벼 뷔 뵤 붸 뷰 볘 봐 봬 붜

샤 쇠 셔 쉬 쇼 쉐 슈 셰 솨 쇄 쉬 섀

야 외 여 위 요 웨 유 예 와 왜 워 애

쟈 죄 져 쥐 죠 줴 쥬 졔 좌 좨 줘 재

챠 최 쳐 취 쵸 췌 츄 쳬 촤 취

캬 쾨 켜 퀴 쿄 퀘 큐 켸 콰 쾌 쿼

탸 퇴 텨 튀 툐 퉤 튜 톄 톼 퇘 퉈

햐 회 혀 휘 효 훼 휴 혜 화 홰 훠

받침의 발음 알고 넘어가기

표준 발음을 하기 위해서는 받침의 발음이 변하는 것을 잘 알고 넘어가야 한다. 표준 발음법 중 사람들이 어려워하는 9항부터 16항까지 내용을 넣어보았다. 주의 깊게 살펴보고 소리 내서 연습해보자.

▶ 제9항 받침 'ㄲ, ㅋ' 'ㅅ, ㅆ, ㅈ, ㅊ, ㅌ' 'ㅍ' 은 어말 또는 자음 앞에서 각각 대표음 「ㄱ, ㄷ, ㅂ」으로 발음한다.

닦다 [닥따]	솥 [솓]
덮다 [덥따]	빚다 [빋따]
쫓다 [쫃따]	앞 [압]
키읔 [키윽]	있다 [읻따]

▶ 제10항 겹받침 'ㄳ' 'ㄵ' 'ㄼ' 'ㄾ' 'ㅄ'은 어말 또는 자음 앞에서「ㄱ, ㄴ, ㄹ, ㅂ」으로 발음한다.

넋[넉]	여덟[여덜]	넓다[널따]
넋과[넉꽈]	앉다[안따]	외곬[외골]
핥다[할따]	값[갑]	없다[업ː따]

다만, '밟-'은 자음 앞에서 [밥]으로 발음하고 '넓-'은 다음과 같은 경우에 [넙]으로 발음한다.

(1) 밟다[밥ː따] 밟소[밥ː쏘] 밟지[밥ː찌] 밟는[밥ː는→ 밤ː는] 밟게[밥ː께] 밟고[밥ː꼬]
(2) 넓-죽하다[넙쭈카다] 넓-둥글다[넙뚱글다]

▶ 제11항 겹받침 'ㄹㄱ, ㄹㅁ, ㄹㅍ'은 어말 또는 자음 앞에서 각각「ㄱ, ㅁ, ㅂ」으로 발음한다.

닭[닥]	흙과[흑꽈]	맑다[막따]
늙지[늑찌]	삶[삼ː]	젊다[점ː따]
읊고[읍꼬]	읊다[읍따]	

다만, 용언의 어간 발음 'ㄹㄱ'은 'ㄱ' 앞에서 [ㄹ]로 발음한다.

맑게[말께]	묽고[물꼬]	읽거나[일거나]

▶ 제12항 받침 'ㅎ'의 발음은 다음과 같다.
1. 'ㅎ'(ㄴㅎ, ㄹㅎ) 뒤에는 'ㄱ, ㄷ, ㅈ'이 결합되는 경우에는, 뒤 음절 첫소리와 합쳐서「ㅋ, ㅌ, ㅊ」으로 발음한다.

놓고[노코]	좋던[조ː턴]	쌓지[싸치]
많거[만ː코]	앓던[안턴]	닳지[달치]

[붙임1] 받침 'ㄱ(ㄹㄱ), ㄷ, ㅂ(ㄹㅂ), ㅈ(ㄴㅈ)'이 뒤 음절 첫소리 'ㅎ'과 결합되는 경우에도 역시 두 소리를 합쳐서 [ㅋ, ㅌ, ㅍ, ㅊ]으로 발음한다.

각하[가카]	먹히다[머키다]
밝히다[발키다]	맏형[마텽]
좁히다[조피다]	넓히다[널피다]
꽂히다[꼬치다]	앉히다[안치다]

[붙임2] 규정에 따라 'ㄷ'으로 발음되는 'ㅅ, ㅈ, ㅊ, ㅌ'의 경우에
  도 이에 준한다.

옷 한 벌[오탄벌]   낮 한 때[나탄때]
꽃 한 송이[꼬탄송이]   숱하다[수타다]

2. 'ㅎ(ㄴㅎ, ㄹㅎ)' 뒤에 'ㅅ'이 결합되는 경우에는 'ㅅ'을 [ㅆ]으로
  발음한다.

닿소[다쏘] 많소[만ː쏘] 싫소[실쏘]

3. 'ㅎ' 뒤에 'ㄴ'이 결합되는 경우에는 [ㄴ]으로 발음한다.

놓는[논는] 쌓네[싼네]

[붙임] 'ㄴㅎ, ㄹㅎ' 뒤에 'ㄴ'이 결합되는 경우에는, 'ㅎ'을 발음하
  지 않는다.

않네[안네] 않는[안는]
뚫네[뚤네→뚤레] 뚫는[뚤는→뚤른]

4. 'ㅎ(ㄴㅎ, ㄹㅎ)' 뒤에 모음으로 시작된 어미나 접미사가 결합
  되는 경우에는 'ㅎ'을 발음하지 않는다.

낳은[나은] 놓아[노아] 쌓이다[싸이다]
많아[마ː나]   않은[아는]   닳아[다라]
싫어도[시러도]

제13항 홑받침이나 쌍받침이 모음으로 시작된 조사나 어미, 접
　　　미사와 결합되는 경우에는, 제 음가대로 뒤 음절 첫소리
　　　로 옮겨 발음한다.

깎아[까까]	옷이[오시]	있어[이써]
낮이[나지]	꽂아[꼬자]	꽃을[꼬츨]
쫓아[쪼차]	밭에[바테]	앞으로[아프로]
덮이다[더피다]		

제14항 겹받침이 모음으로 시작된 조사나 어미, 접미사와 결합
　　　되는 경우에는 뒤의 것만을 뒤 음절 첫 소리로 옮겨 발
　　　음한다. (이 경우, 'ㅅ'은 된소리로 발음함)

넋이[넉씨]	앉아[안자]	닭을[달글]
젊어[절머]	곬이[골씨]	핥아[할타]
읊어[을퍼]	값을[갑쓸]	없어[업ː써]

제15항 받침 뒤에 모음 'ㅏ, ㅓ, ㅗ, ㅜ, ㅟ'들로 시작되는 실질
　　　형태소가 연결되는 경우에는, 대표음으로 바꾸어서 뒤
　　　음절 첫소리로 옮겨 발음한다.

밭 아래[바다래]	늪 앞[느밥]	젖어미[저더미]
맛없다[마덥다]	겉옷[거돋]	헛웃음[허두슴]
꽃 위[꼬 뒤]		

다만, '맛있다, 멋있다'는 [마싣따], [머싣따]로도 발음할 수 있다.
[붙임] 겹받침의 경우에는, 그 중 하나만을 옮겨 발음한다.

넋없다[너겁따]	닭앞에[다가페]
값어치[가버치]	값있는[가빈는]

제16항 한글 자모의 이름은 그 받침소리를 연음하되, 'ㄷ, ㅈ, ㅊ, ㅋ, ㅌ, ㅍ, ㅎ'의 경우에는 특별히 다음과 같이 발음한다.

디귿이[디그시] 디귿을[디그슬] 디귿에[디그세]
지읒이[지으시] 지읒을[지으슬] 지읒에[지으세]
치읓이[치으시] 치읓을[치으슬] 치읓에[치으세]
키읔이[키으기] 키읔을[키으글] 키읔에[키으게]
티읕이[티으시] 티읕을[티으슬] 티읕에[티으세]
피읖이[피으비] 피읖을[피으블] 피읖에[피으베]
히읗이[히으시] 히읗을[히으슬] 히읗에[히으세]

혀 짧은 소리 고치기

실장님을 '띨장님'으로 발음하거나 정서를 '덩서'라고 발음하거나 깜짝이야를 '깜딱이야'라고 발음하면 사람들은 흔히 '혀 짧은 소리를 낸다'고 생각한다. 그래서 그렇게 발음하는 사람들이 '아, 내가 혀가 짧은가'라고 생각하는 경우가 대부분인데 정말 혀가 짧아서가 아니라 혀 아래에 있는 힘줄인 '설소대' 때문에 그런 소리가 나는 것이다. 그래서 혀 짧은 소리를 내는 경우에는 설소대를 수술하거나 말하기 훈련을 통해 고칠 수 있다. 그럼 말하기 훈련은 어떤 방법으로 해야 할까? 먼저 볼펜을 활용한 연습방법이 있다. 앞에서 말한 볼펜 물고 책이나 인터넷 기사들을 천천히 정확하게 발음하면서 낭독한다.

볼펜을 입에 무는 이유는 혀의 근육을 단련하고 혀의 유연성을 길러주기 때문이다.

단, 단시간에 효과를 바라고 연습하지 말고 장시간 꾸준히 연습해야 효과를 볼 수 있다. 그리고 오른쪽 위 어금니를 1번, 왼쪽 위 어금니를 2번, 아래쪽 아래 어금니를 3번, 왼쪽 아래 어금니를 4번으로 번호를 붙인 후 혀를 1번, 2번, 3번, 4번, 혹은 1번, 3번, 4번, 2번 이렇게 왔다갔다하면서 연습을 해준다. 자주 반복해서 인내심을 가지고 꾸준히 연습하면 혀 짧은 소리를 극복할 수 있을 것이다.

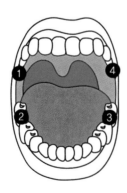

혀로 각각의 어금니를 오가며 혀의 유연성을
길러주는 운동을 해본다.

적당한 속도로 말하기

말하는 속도만 바꿔도 그 사람에 대한 평가와 인상이 달라진다고 한다. 고작 말하는 속도만으로 인상이나 평가가 얼마나 달라질까, 라며 가볍게 생각할 수 있지만 말이 빠르면 상대로 하여금 성격이 급해서 경솔한 것 같다는 인상을 주거나 너무 산만한 것 같다는 인상을 줄 수도 있다. 반대로 말이 느리면 좀 답답하다거나 말을 듣고 있기 지루하다는 인상을 줄 수 있게 된다. 물론 말이 빠르고 느리다고 해서 다 안 좋은 인상을 주게 되는 것은 아니다.

말이 좀 빠를 경우 활동적이어서 그렇다고 느낄 수도 있고 느릴 경우에는 신중한 성격이라서 그렇다고 느껴질 수도 있다. 하지만 경솔하거나 답답하다고 느껴질 수 있으니 말의 속도는 적당한 것이 좋다. 상황에 따라 말의 속도가 조금 빠르거나 느리면 좋을 때가 있는데 예를 들면 프리젠테이션이나 상품 설명을 하는 상황에서는 조금 빠르게 말하면 설득력을 가질 수도 있다. 단, 글을 마치거나 쉴 때 찍는 마침표와 쉼표에는 반 박자 쉬어가고 중요한 포인트에서는 목소리를 더 크게 하고 발음이 정확해야 임팩트가 있다. 또, 중요한 사항의 설명 혹은 면접을 볼 때 임팩트를 주고 싶을 때는 조금 천천히 명확하게 말하면 효과적이다. 하지만 이런 경우를 제외하고는 적당한 속도로 말하는 것이 중요하다. 여기서 말하는 적당한 속도란 1분에 300~350자 정도를 말한다. 흔히 뉴스 앵커나 기상 캐스터들의 말 속도라고 생각하면 쉬울 것이다.

예전에 한 유튜브 영상을 본 적이 있다. 그 유튜브 진행자는 말의 속도의 중요성을 이야기해 주었다. 예전에 어느 방송인이 그 유튜브 진행자의 프로그램에 게스트로 출현했는데, 그가 하는 말의 속도가 하도 빨라 말의 토씨를 놓치지 않으려고 신경을 바짝 곤두세운 적이 있다고 한다. 그러다 보니 에너지를 소모하는 느낌이 크다고 느껴져서 게스트 분에게 말을 조금 느리게 해달라고 부탁했다는 일화였다. 그 일화는 상대방과 대화를 나눌 때 말의 속도가 얼마나 중요한지 말해주고 있는 일화라고 할 수 있다. 성격이 급한 나는 이 유튜브 영상을 보면서 속으로 좀 뜨끔했다.

나 역시 흥분하거나 화가 나면 말이 엄청 빨라지기 때문이다.

적당한 속도로 말을 하면 듣는 사람이 편안하고 안정감이 든다. 그런데 여기서 잠깐, 내가 말하는 속도를 어떻게 알 수 있을까?

내가 말이 어느 정도로 빠르고 느린지를 확인하고 싶다면 바로 녹음을 해 보면 된다. 말하기 연습을 하면서 녹음을 하고 들어보면 내 말의 속도를 체크할 수 있다.

너무 빠르다 싶으면 좀 더 천천히 말하면서 녹음을 해보고 들어보고 이렇게 반복연습을 해야 한다. 마찬가지로 말이 느린 사람도 녹음을 하면서 좀 더 빠르게 연습하면서 녹음한 것을 들어보면서 반복연습을 한다.

녹음해서 들어보면 "아, 내가 이런 속도구나"하고 정확히 판단할 수 있다.

우스갯소리 중에 이런 일화가 있다. 어느 날 한 사람이 길을 걷다가 언덕에서 돌이 굴러오는 모습을 목격했다고 한다. 마침 언덕 밑에는 행인이 있었고, 아차하면 돌에 부딪혀서 크게 다칠 수 있는 위기의 상황이었다. 그걸 본 사람은 즉시 행인을 향해 소리 쳤다고 한다. 하지만 "돌~굴~러~가~유~"라고 느리게 말해서 결국 돌을 피하지 못했다는 우스갯소리가 있다. 아마도 말 속도의 중요성을 이야기하기 위한 유머로 나온 이야기 같다.

별로 중요하지 않다고 간과할 수 있는 말의 속도, 하지만 인상이나 평가에도 영향을 줄 수 있는 중요한 말의 속도를 녹음기로 반복 녹음하면서 열심히 연습하면 상대방에게 듣기 편안하고 안정감 있는 속도로 말할 수 있게 될 것이다. 단, 말의 속도가 너무 일정하면 책 읽는 것처럼 부자연스럽다. 그러므로 긴박한 상황이나 중요하지 않은 부분은 조금 더 빠른 속도로 말하고, 중요한 부분은 살짝 천천히 말해주면서 속도의 완급조절을 해주도록 한다.

매력적인 목소리 만드는 여섯 번째 스텝:
귀에 쏙 들어오게 해주는 강조법

말을 할 때 높낮이가 없이 똑같은 톤으로 말을 하면 듣는 사람이 지루함을 느끼고 집중력이 떨어지게 된다. 결국은 뜻이 잘 전달되지 않는 결과를 가져오게 된다. 그렇다면 지루하지 않고 귀에 말이 쏙 들어오게 하는 방법은 무엇일까? 바로 '강조법'이다.

말을 할 때 내가 강조하고 싶은 부분이 있을 것이다. 상대방에게 그 부분을 강하게 잘 어필하고 내용이 잘 전달되게 해주는 강조법을 어떻게 활용해야 하는지 알아보자. 예를 들면 다음과 같은 문장을 보자.

① 높임 강조

<u>나는</u> 반드시 승리할 것이다.
나는 <u>반드시</u> 승리할 것이다.
나는 반드시 <u>승리할 것이다.</u>

    문장에서 강조를 어느 부분에 두느냐에 따라 전달되는 의미가 약간씩 다르게 느껴질 것이다. 첫 번째 문장은 '나'를 강조하고, 두 번째 문장은 '반드시'라는 단어를, 세 번째는 '승리할 것이다'를 강조한다. 강조를 해야 할 부분이 정해져 있는 것이 아니라 내가 강조하고 싶은 부분에 힘주어 말하면 된다. 강조하고 싶은 부분만 강조를 해야지, 단어마다 강세를 넣으면 강조의 효과도 떨어지고 말의 굴곡도 심해진다는 사실을 명심하자.

② 낮춤 강조

팝의 디바 휘트니휴스턴이 우리 곁을 <u>떠났습니다.</u>
우리집 강아지 또또가 무지개다리를 <u>건넜습니다.</u>
그때, 많이 힘든 상황이었어요. <u>죄송합니다.</u>
면접에 연달아 떨어져서 많이 <u>힘듭니다.</u>

낮춤 강조는 높임 강조와 다르게 톤을 낮춰서 강조하는 방법으로 슬픈 상황을 말할 때 사용되는 강조법이다.

이별이나 좌절, 힘든 일 또는 사과를 해야 하는 상황에서 낮춤 강조를 하면 더 효과적으로 감정이 전달된다. 그런데 이런 슬픈 일을 말하게 되면 저절로 말의 높이가 낮아지게 되는 것을 느낄 수 있다. 말에 감정이 이입되면 상대방이 진정성을 느끼게 된다.

③ 모음 늘림 강조

내 여자친구는 <u>너무</u> 이뻐

내 여자친구는 <u>너~무</u> 이뻐

이 문장을 그냥 읽는 것과 모음을 늘여서 읽는 것은 느낌이 다르다. 모음을 늘려 말하면 그냥 말하는 것보다 감정이 더욱 강조돼서 들린다. 위 문장도 '너~무'를 늘려서 말하면 내 여자친구는 정말 너무 이쁜 것처럼 강조되어 들린다. 모음을 길게 늘리면서 말하면 훨씬 더 생동감을 줄 수 있다. 게다가 모음을 늘려 말하면 말의 속도 조절이 되는 효과도 있다. 다음의 문장도 읽어보자.

1. 공이 높~이 날아갔습니다.
2. 우리 고등학교는 대학 진학률이 제~일 높습니다.
3. 나는 너를 정~말 사랑해
4. 갑자기 엄~청난 인파가 몰려왔습니다.
5. 이런 좋은 기회가 더 많~은 사람들에게 생겼으면 좋겠습니다.

④ 속도를 늦춰서 강조

속도를 늦춰서 강조하는 것은 한순간에만 속도를 늦춰서 천천히 또박또박 여유를 갖고 말하는 것이다. 속도를 늦춰서 강조하는 방법은 캠페인이나 여운을 줄 때 주로 많이 쓰인다. 중요하지 않은 내용은 정상속도로, 어렵고 복잡한 내용이나 숫자, 인명, 연대, 지명들을 말할 때는 천천히 말하면 듣는 사람이 더 잘 이해할 수 있다. 그리고 말의 속도를 통해서 청중의 시선을 사로잡을 수 있다.

밑줄 그은 부분의 속도를 낮춰서 연습해 보자. 내용이 귀에 더 쏘옥 들어오는 느낌을 받을 것이다. 문장에서 높임 강조법을 섞어서 리듬감 있게 표현해 본다. 다음의 지문에서 밑줄 친 구절만 느리게 읽음으로써 강조해 보자.

지금 미국시간은 오전 3시 45분입니다.
지금 미국시간은 오전 3시 45분입니다.

다른 사람의 마음을 잘 배려해주셨으면 좋겠어.
다른 사람의 마음을 잘 배려해줬으면 좋겠어.

우리의 목적은 반드시 승리하는 것입니다.
우리의 목적은 반드시 승리하는 것입니다.

포즈를 통한 강조

포즈를 통한 강조기법은 침묵을 이용한 방법이다. 강조하고자 하는 말 앞에 잠시 침묵했다가 다시 말하는 것이다. 이 방법은 침묵을 하는 동안 사람들의 궁금증과 관심이 증폭된다. 예를 들어 오디션 프로그램 때 MC가 "네, 1위는 바로, 바로~"하면서 1위가 누구인지 바로 말하지 않고 침묵을 주면 사람들의 관심과 기대가 더욱 증폭된다. 포즈를 통한 강조는 중요한 단어, 내가 강조하고 싶은 말 앞에 포즈, 즉 침묵을 살짝 주는 것이다. 다음의 지문을 함께 읽어보자.

KBS뉴스 / 김채현입니다
역사를 잊은 민족에겐 / 미래란 없다
내 안에 빛이 있으면 / 스스로 빛나는 법이다
험한 세상에 / 다리가 되어
빗방울이 언젠가 / 바다가 된다는 것을
나는 나를 극복하는 순간 / 칭기즈 칸이 되었다
현재가 쌓여 / 미래가 된다

"KBS뉴스, 김채현입니다"라는 문장에서 '김채현'이라는 이름 앞에 포즈를 줌으로써 이름이 강조된다. 즉, 포즈를 준 뒤에 문장이 강조가 되는 것이다.

포즈를 통한 강조는 청중들의 집중도가 높아지는 효과도 있다. 높임 강조, 낮춤 강조, 속도를 늦춰서 강조, 모음을 길게 늘여서 강조, 포즈를 통한 강조, 이 다섯 가지 강조를 잘 버무리면 말을 할 때 더 맛깔스럽게 사람들의 귀에 내용이 쏘옥 들어가게 할 수 있을 것이다. 이 다섯 가지 강조법을 잘 활용하면 말이 음표를 타듯이 리듬감이 있고 지루하지 않아 생동감 있어 보이기 때문에 상대방이 내 말에 더욱 집중할 수 있게 된다.

5가지 강조법을 이용해 방송 대본 연습해 보기1

리포터: 네, 지금부터 10월까지 대하 축제가 열리고 있거든요. 많이 잡힐 때라서 가격도 싸고 영양도 풍부하니까요 대하 많이 드시고, 건강 챙기세요.

MC: 안녕하세요, ○○○입니다. 지구상에서 가장 진보적인 사회생활을 영위하고 있는 것은 우리 인간뿐만이 아닙니다. 1억 년 전부터 견고한 제국 사회를 건설하고 유지하고 있는 종이 있습니다. 바로 개미인데요, 너무 작아서 눈에 띄지 않지만 그들이 사는 모습은 우리 인간과 너무 닮아 있습니다. 1억 년을 이어온 개미 제국을 한번 들여다보겠습니다.

MC: 이번에는 고향극장 시간입니다. 지난주 벌랏마을이 멧돼지 때문에 난리가 났어요. 멧돼지를 잡기 위해서 막걸리와 활까지 동원됐는데요. 어떻게 됐는지, 얼른 가보시죠.

방송 진행 중인 저자의 모습

MC : 여러분 안녕하세요. 오늘 여러분과 선선한 가을 저녁, 음악 여행을 함께할 진행자 ○○○입니다. 먹을거리, 볼거리가 풍성한 가을 특히나, 용인시의 다양한 자랑거리가 한데 어우러진 용인시 시민의 날을 맞아 행복한 축제의 자리에 여러분과 함께하게 되어 어느 때보다도 가슴 설레이는 저녁 시간이 될 것 같습니다. 오늘은 그 축제의 장을 여는 첫 번째 날인데요. '첫 날'이라는 여러분의 기대에 걸맞는 특별한 손님들과 아름다운 곡들로 준비했습니다.

여러분은 어린 시절, '바다' 하면 무엇을 먼저 떠올리셨나요? 여행? 모험? 혹은, 어딘가에 있을지도 모를 보물섬? 보물섬 하니까, 자연스럽게 험악한 표정의 해적도 연상이 되는데요. 과장스러운 말투와 몸짓으로 불사신처럼 절대절명의 순간마다 재치 있게 위기를 모면하는 도저히 미워할 수 없는 해적이 있습니다. 바로, 영화 '캐리비안의 해적'의 주인공 잭 스페로우인데요. 바다의 여신과 저주받은 보물, 젊음의 샘과 같이 가슴 설레이는 꿈을 찾아 떠나는 여정을 흥미진진하게 보여줍니다. 박상현 지휘자와 필하모닉 오케스트라가 선사하는 첫 곡! 영화 '캐리비안의 해적'의 테마곡이지요. He is pirate과 함께 오늘의 풍성한 무대를 힘차게 시작하겠습니다.

■ Tip
이 방송 대본으로 적당한 속도를 유지하면서 5가지 강조법을 섞어서 연습해 보자. 녹음해서 연습해 보고 부족한 부분이 있으면 주의해서 다시 반복 연습해 보자.

매력적인 목소리 만드는 일곱 번째 스텝:
제스처&아이컨택을 곁들이자

제스처&아이컨택

일대일로 대화를 나누거나 많은 사람들 앞에서 프레젠테이션을 하는 경우에 아이컨택 즉, 눈맞춤은 상당히 중요하다. 일대일 비즈니스 만남이든 혹은 소개팅이거나 친구들끼리의 대화든 눈을 맞추어 대화를 해야 한다. 만약 대화를 하는데 상대방이 내 눈을 보지 않고 자꾸 딴 곳으로 시선을 돌리면 내 말에 집중하지 않고 딴생각을 하는 것 같아 기분이 불쾌해질 것이다. 혹은 소개팅 자리에서 상대방이 내 눈을 보지 않고 대화하면 상대로 하여금 "이 사람이 내가 마음에 들지 않나?"라는 오해를 불러일으킬 것이다.

대화를 할 때 상대방과 눈을 맞추어 대화를 하면 내 말에 집중을 해주는 것과 같아 보이고 상호간에 교감이 되는 좋은 작용을 해준다. 마찬가지로 많은 사람들 앞에서 프리젠테이션이나 강의를 할 때 눈맞춤을 하지 않으면 상당히 불안해 보이고 그 사람의 발표에 대한 신뢰도도 떨어진다. 그런데 내용과 실력이 아무리 뛰어나도 무대울렁증이 있으면 눈맞춤이 쉽지 않다. 갑자기 많은 눈동자가 자기를 쳐다보면 부끄럽고 쑥스러워서 오만가지 생각이 들면서 눈동자는 어디부터 두어야 할지 모르고 심지어 발표할 내용까지 잊어버려 머릿속이 하얘지기도 한다.

대중과의 눈맞춤이 당당해야 사람들도 그 강의에 집중하고 빠져들 수 있다. 그렇다면 눈맞춤을 어떻게 해야 할까? 우선 시선은 청중을 향해 고루고루 분산해야 한다. 민망하고 어색하다고 한 사람을 타켓을 잡아 한 사람만 뚫어져라 쳐다본다면 그 사람은 참 부담스러울 것이다. 그래서 시선을 왼쪽에서 오른쪽으로 천천히 옮기면서 여러 사람들과 눈을 자연스럽게 맞추어 보자. 그리고 다시 오른쪽에서 왼쪽으로 천천히 시선을 옮겨보자.

눈이 마주쳤을 때 1~3초 정도 안정되게 시선을 두고 있는 편이 좋다. 처음에는 이렇게 정해놓고 시선을 옮겨주고 이제 숙달이 되면 내가 마음먹은 대로 자연스럽게 사람들과 눈맞춤이 될 것이다. 물론 눈맞춤의 눈빛이 따스하고 살짝 웃음을 머금은 눈빛으로 사람들의 마음을 어루어만져주는 눈빛이면 청중들의 마음을 충분히 사로잡을 수 있을 것이다.

제스처로 말의 효과를 더해주자

제스처란 말의 효과를 더하기 위하는 몸짓이나 손짓을 말한다. 대중들 앞에서 발표를 할 때 팔이 몸통에 딱 붙어서 움직이지 않는다고 생각해 보자. 보는 사람들이 답답하고 딱딱해서 너무 부자연스럽다고 생각할 것이다. 제스처를 함으로써 생동감도 느껴지고 메시지의 의미를 더 잘 느낄 수 있다. 제스처가 어렵게 느껴진다면 흔히 우리가 '사랑해'라고 말하면서 팔 동작으로 큰 하트도 만들 수 있고 손가락으로 하트모양을 만들 수도 있다.

이렇게 말의 단어를 제스처로 표현해 주면 된다. TV기상캐스터들을 보면 날씨를 설명하면서 자연스러운 제스처를 취한다. 이렇게 자연스러운 제스처를 사용하면 느낌도 더 생생해지는 효과가 있다. 단, 누군가를 가리킬 때는 손가락으로 찌르듯이 하지 말고, 둥글게 곡선을 그리듯 움직여야 예의에 어긋나지 않는다. '최고'라는 제스처를 취할 때는 엄지손가락을 들어주고 '첫째'라는 제스처를 취할 때는 두 번째 손가락을 들어서 '첫째'라는 느낌이 들게 해준다.

'많은'이라는 제스처는 팔을 벌려서 '많다'라는 느낌이 들게 해주고 '화이팅하세요'라는 표현을 할 때는 주먹을 쥐고 화이팅하는 포즈를 취해준다. 이런 단어가 나올 때에 적절한 제스처를 해주면 자신감 있어 보이고 더 매력적으로 보인다. TV에서 MC나 기상캐스터들의 제스처를 보고 따라해 보자. 이런 제스처들을 미리 연습해 두면 대중들 앞에서 자연스럽게 제스처를 사용하며 스피치를 할 수 있을 것이다.

스티브 잡스

매력적인 목소리 만드는 여덟 번째 스텝:

웃는 표정 이쁘게 만드는 방법

몇 년 전에 TV를 보다가 장사에 뛰어든 지 8년 만에 가게가 처참하게 망하고 빚 1억 5천과 담보 잡힌 트럭 한 대로 시작해 3년 만에 빚을 다 갚고 지금은 국가대표 과일촌을 운영하면서 매출 150억 규모의 물류회사를 이끄는 성공신화의 장본인이 된 배성기 대표님의 이야기를 보게 되었다.

소파에 누워서 생각 없이 채널을 이리저리 돌리던 중이었는데 배성기 대표님의 성공신화 이야기가 너무 재미있어서 나도 모르게 채널을 고정하고 배성기 대표님의 입담과 이야기에 빠져들었다. 심지어 네이버로 검색해 보니 『국가 대표 트럭 장사꾼』이라는 책까지 출간하셨길래 책도 냉큼 구매했다.

트럭장사 사관학교도 시작하고 장사의 '꾼'을 제대로 양성하는 농수산물 대학을 계획하며 늘 꿈을 향해 달려가고 계획하는 배성기 대표님의 성공 노하우는 무엇일까?

첫째로 바로 '미소'였다. 한번은 과일을 파는데 한 중년부인이 이렇게 물었다고 한다. "이봐요. 식사는 하고 장사를 해요?" 이 물음에 그가 "아직 못 먹었습니다."라고 대답했다. 그러자 부인이 "그럼, 내가 트럭을 잠시 봐줄 테니 김밥이라도 먹고 와요."라며 트럭을 봐준 일이 있었다고 한다.

김밥을 먹으면서 배성기 대표님이 불안한 마음에 트럭을 바라보고 있는데 그 중년 부인 앞으로 손님들이 모여들기 시작하는 것이 아닌가. 대표는 그 부인에게 장사의 비법이 뭔지 물었다고 한다. 그러자 부인은 그에게 "손님을 웃는 얼굴로 대하세요."라는 말을 건넸다. 알고 보니 부인은 장사를 해본 경험이 있는 분이고 근처에 건물 몇 채를 소유한 부자였다. 그 이후로 배성기 대표님은 손님을 대하는 태도를 바꾸게 되면서 장사의 수환이 부쩍 늘게 된다. 웃는 얼굴은 물론이고 친근한 대화로 손님의 마음을 끌었다.

배성기 대표님은 좋은 말, 즐거운 말이 손님도 파는 장사꾼도 즐겁게 해주는 최고의 전략이고 성공비결이라고 말한다. 만약 배성기 대표님이 짜증나는 얼굴로 손님들의 질문에 친근하지 않고 퉁명스러웠다면 지금의 성공신화는 이루지 못했을 것이다.

면접을 볼 때 혹은 일대일로 대화할 때 프리젠테이션을 할 때 배성기 대표님처럼 장사를 할 때에도 미소 띤 얼굴이 중요하다. 하지만 많은 사람들이 프리젠테이션을 하거나 취업면접 때 너무 긴장을 해서 미소가 자연스럽지 않고 일명 썩소를 짓게 된다면서 어떻게 하면 기상캐스터나 방송인처럼 미소를 이쁘게 짓고 말할 수 있는지 궁금해하신다.

평소에는 분명 이쁘게 잘 웃는데 긴장을 하면 자연스럽게 웃어지지가 않아 중요한 자리에서 어떻게 해야 할지 모르겠다고 말이다. 웃는 게 어색해져서 그렇다고 무표정으로 말하면 화가 나 있어 보일 수도 있고 인상이 안 좋아 보일 수도 있다.

자, 그렇다면 미소 짓는 방법을 어떻게 연습하면 될까? 웃는 연습도 마찬가지로 볼펜이 필요하다.

모나미 볼펜정도의 두께의 볼펜으로 거울을 보면서 가볍게 입에 문다. 면접이나 프리젠테이션 혹은 기상캐스터들이 웃으면서 말할 때의 미소는 치아가 8개 정도 보이게 웃고 볼펜을 살짝 물어준 후 속으로 4초정도 세고 볼펜을 다시 뺀다. 4초의 시간이 숙달이 되면 볼펜을 물고 6초까지 웃고 있다가 볼펜을 뺀다. 거울을 보면서 미소가 흐트러지지 않게 잡아주는 것이 중요하다. 6초가 숙달되면 8초, 10초까지 늘려서 연습해본다. 얼굴 근육이 웃는 모습을 기억하게 되어 긴장되는 자리에서도 미스코리아처럼 이쁘게 웃을 수 있을 것이다. 힘들지만 꾸준히 반복해서 연습하는 것이 중요하다. 웃으면 복이 온다는 속담처럼 배성기 대표님도 성공 신화를 이루었듯이 이쁘게 웃는 연습으로 모두 복 많이 받아서 좋은 일만 가득하셨으면 좋겠다.

Part 5

즐거운 하루는
상쾌한 말투와
긍정적인 말로
시작된다

무의식을 움직이는
긍정적인 말의 힘

에모토 마사루의 책 『물은 답을 알고 있다』를 보면 긍정적인 말과 부정적인 말의 영향이 물에서도 볼 수 있다는 점에 놀람을 금치 못한다. 어떤 독자는 한 번씩 슬럼프에 빠질 때마다 이 책을 책장에서 다시 꺼내 읽는다고 한다.

나 역시 우울하거나 힘이 빠질 때 혹은 부정적인 생각이 들 때면 에모토 마사루의 책 내용을 다시 상기하고는 한다. 에모토 마사루는 어느 날 우연히 책을 읽다가 이런 문장을 발견했다고 한다. "눈의 결정은 하나하나가 모두 다르다." 이 문장에서 힌트를 얻어 물을 얼려 결정을 보면 어떨까, 하는 생각을 하게 되었다고 한다.

그는 여러 가지 시행착오 끝에 물의 결정을 사진으로 찍을 수 있게 되었다. 에모토 마사루가 물을 유리병에 담고 글씨를 써서 얻은 결정 사진 중에 완벽에 가까울 만큼 아름다운 물의 결정 사진을 얻은 적이 있는데 이게 바로 '사랑과 감사'의 물의 결정체이다. 마사루가 보여준 사진 속 완벽한 육각형의 결정은 어떠한 보석보다도 아름다워 보인다. 반면에 "멍청한 놈", "왜 이렇게 더러워", "짜증나" 등의 부정적인 말을 들은 물은 결정을 만들어내지 못하고 마구 흐트러져 있는 모습이었다.

아마 부정적인 단어에는 파괴적인 에너지나 파동이 생기기 때문일 것이다. 물은 음악에도 반응했는데 쇼팽의 '빗방울'을 들려주자 정말 빗방울처럼 생긴 결정이 나타났고 '이별의 곡'을 들려주자 결정들이 잘게 쪼개지며 서로가 이별하는 형태를 취했다. 더흥미로운 실험은 3개의 유리병에 밥을 넣어놓은 실험이었다. 유리병 한 곳에는 "고맙습니다" "멍청한 놈"이라는 말을 건넸고 다른 한 밥은 완전히 무시했다. 어느 정도 시간이 흐르자 무시한 밥이 가장 먼저 썩고 그 다음으로 '멍청한 놈'이라고 말을 건넨 밥이 썩었다. 하지만 "고맙습니다"라는 말을 건넨 밥은 발효한 상태로 누룩처럼 구수한 향기를 풍겼다고 한다.

부정적인 말보다 무시하는 게 더 나쁘다는 사실을 깨달을 수 있는 부분이었다. 그리고 긍정적인 표현은 얼마나 좋은지 알 수 있는 대목이다. 물의 결정을 본 스위스의 어떤 분은 이렇게 말했다고 한다.

　"물의 결정 사진을 통해 우리는 의식이나 말이라는 에너지가 눈에 보이는 것으로 바뀌는 것을 볼 수 있었습니다. 이것은 에너지의 모습을 보여주는 최초의 방법입니다. 우리는 보이지 않으면 믿지 않습니다. 그렇지만 물의 결정은 모든 것을 보여줍니다. 믿고 안 믿고는 이미 문제가 안 됩니다. 이 방법을 사용하면 누구든 실험할 수 있고 증명할 수 있습니다."

　인간의 몸은 70%가 물이라고 한다. 태어나기 전 수정란 단계에서는 99%가 물이고, 태어날 때는 몸의 90%, 성인이 되면 70%, 죽을 때는 50% 정도가 물이라고 한다. 인간은 물 그 자체라고 해도 과언이 아니다.

　에모트 마사루의 실험에서 알 수 있듯이 긍정적인 말, 사람의 말, 감사의 말이 우리를 더 행복하게 해줄 수 있다. 나 자신에게도 스스로 말해주어야 한다. 사랑한다, 넌 할 수 있어 라는 긍정의 말을 자주 해주고 부모님, 친한 친구들, 사회생활을 같이 하는 동료들에게도 부정적인 말보다는 긍정적이고 좋은 말을 서로 많이 해준다면 물의 결정이 아름답게 나왔듯이 관계도 더 돈독해지고 아름다워질 것이다.

긍정적인 말과 부정적인 말을 들었을 때 나타나는 물의 결정 차이

긍정메시지	부정메시지

사랑·감사

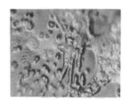

죽여버린다

고맙습니다(일어)

You Fool

고맙습니다(한국어)

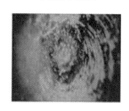

망할놈

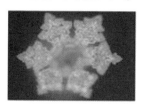

고맙습니다(불어)

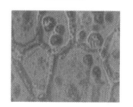

미친놈

즐거운 하루는 상쾌한 말투와 긍정적인 말로 시작된다

긍정적인 말은
행복의 씨앗이다

채널A 촬영팀과 출장을 다녀오는데 휴게소에서 책들을 50% 할인을 해서 팔길래 몇 권을 샀다. 그 중에 『운을 부르는 100가지 방법』이라는 책을 읽었는데 이런 내용이 있다.

"가급적이면 긍정적인 말을 써라. 그럼 당신에게 풍요로운 삶이 펼쳐질 것이다. 말은 음(音)이라는 울림이 되어 당신을 감싸고 있는 에너지에 지대한 영향을 미친다.

빈곤한 말을 쓰면 빈곤한 울림이 되어 빈곤한 현상을 낳고, 반대로 풍요로운 말을 쓰면 풍요로운 울림이 풍요로운 현상을 낳는다. '돈이 없어' '정말 못 해먹겠다'라는 부정적인 말은 사람을 우울하게 만들고 맥 빠지게 한다. 반대로 긍정적인 말은 매우 긍정적인 기분이 들게 해 힘을 북돋아준다. 이처럼 말은 눈에 보이지 않는 에너지가 되어 당신을 둘러싼 모든 형상을 빚어낸다. 그러니 부유한 삶을 누리고 싶다면 우선 풍요로운 말을 쓰자. 그리고 주머니 사정이 어떻든 "돈이 없다"는 말을 절대 입 밖으로 내서는 안 된다.

말은 현실을 변화시키는 위력을 갖고 있다. 설령 돈이 없을 때라도 "돈이 없다"는 말을 계속하면 당신의 귀와 세포, 피부, 뇌, 잠재의식, 이 모든 것들이 듣고 있다가 더욱 그런 상황으로 몰아가기 위해 활발하게 움직일 것이다.

운을 부르는 100가지 방법 중 이 부분들의 글이 너무 공감이 갔다. 말이 씨가 된다는 속담이 있듯이 긍정적인 말은 행복의 씨앗이 되는 것이다. 그러니 들으면 맥 빠지고 기운 빠지는 부정적인 말 대신 기분 좋아지고 힘이 나는 긍정의 말들을 해서 삶이 풍요로워지도록 하자. 상대방이 기운이 나는 이야기나 말을 해주면 자신감이 생기고 힘이 될 때가 있다.

한류힙합문화 대상 시상식 MC를 맡게 된 적이 있다. 나와 함께 진행을 맡은 남자 MC는 잘생긴 탤런트 분이었다. 원래 대부분의 MC는 둘이서 진행하는 경우가 대부분인데 국장님의 권유로 나와 남자 탤런트, 이쁜 미스코리아 분까지 세 명이서 진행을 하게 되었다.

이쁜 미스코리아 분은 사실 MC 경험이 거의 없어서 진행할 멘트에 신경을 더 써주고 연습을 했으면 좋겠다는 생각이 들었다. 하지만 아무래도 미모가 출중하다 보니 의상 부분에 신경을 더 쓰는 눈치였다. 결국 그날 힙합문화대상 시상식을 진행할 때 그 미스코리아 분의 역량으로 이브닝드레스를 협찬받게 되었다.

물론 나도 그분 덕에 이쁜 이브닝드레스를 입게 되어 기뻤다. 하지만 어찌됐든 행사의 중요한 부분은 의상보다 멘트를 서로 잘 주고받는 것이었다. 그날의 행사가 매끄럽게 진행되는 것이 더 중요한지라 그날 아침 나는 처음 생방송을 진행했을 때처럼 떨리기 시작했다. 어찌됐건 의견이 좀 맞지 않았던 부분들이 있었던 상황이라 좀 예민한 상태로 운전을 해서 행사장에 가고 있었는데 신한카드 직원 분께 전화가 왔다. 직원 분이 나에게 결제할 카드값 설명을 해주신 후 전화통화를 마무리할 때, 내가 "감사합니다. 좋은 하루 되세요."라고 마지막에 인사를 건넸다. 그랬더니 신한카드

직원 분께서 너무 놀라시면서 말했다. "어머, 너무 감사합니다. 고객님도 좋은 하루 되세요." 그렇게 통화를 마치고 나서 그분에게 다음과 같은 문자가 왔다.

> 12월 5일 기준
> [신한카드] 12월 5일 기준 결제금액은 200,726원입니다. 오늘 세상에서 가장 행복한 사람 되시길 바랍니다. ^^♡

이렇게 문자가 온 것이다. 신경이 곤두서 있었던 나는 이 문자를 보자마자 금세 행복한 사람이 되었다. 그 직원 분은 평소 고객에게 "감사합니다. 좋은 하루 되세요."라는 말을 들어보지 못했던 것 같다. 대부분의 사람들이 카드사 직원 분들과 통화할 때 아마 인사 없이 그냥 전화를 끊는 경우가 대부분일 것이다. 나의 인사를 받은 그 직원 분은 사실 당연한 일임에도 불구하고 내 인사를 받고 고마운 마음에 내게 이런 행복한 문자를 보내주었다. 나는 상쾌한 기분으로 행사를 시작해 매끄러운 진행을 할 수 있었고 다행히 칭찬을 받으며 행사를 잘 마칠 수 있었다. 이렇게 기분 좋은 인사말은 그날의 행복지수를 좌우한다. 나는 아직도 그 직원분의 문자를 캡쳐해 놓고 우울해질 때 가끔씩 본다. 오늘도 세상에서 제일 행복한 사람이 되기 위해 그리고 별거 아닐 것 같은 작은 인사말이 다른 사람에게 행복으로 다가갈 수 있다는 생각에 나도 더 기분 좋게 다른 분들께 인사를 드리도록 노력한다. 좋은 말과 서로 힘이 되는 인사말로 하루의 시작을 늘 상쾌하게 열고 행복하게 하루의 마무리를 할 수 있도록 해보자.

칭찬은 고래도 춤추게 한다: 나에게 칭찬의 말을 자주 건네주자

스피치를 잘하려면 "나는 왜 이렇게 스피치를 못하지", "포기해야겠어"라고 생각하지 말고 자기 자신에게 칭찬의 말을 건네주고 스스로를 쓰담쓰담해 주어야 한다. 스피치는 곧 자신감이기 때문이다. 예전에 독서신문에 발표 잘하는 아이를 위한 길잡이 칼럼을 쓴 적이 있었는데 거기에도 칭찬의 중요성을 써 놓았었다. 아이나 어른이나 스피치를 잘하려면 칭찬을 해줘서 자신감을 키워주어야 한다. 천재과학자 아이슈타인은 학교에서 언어발달이 늦어 학교 선생님으로부터 "이 아이는 공부를 해도 성공 가능성이 없습니다."라고 했을 지경이었다고 한다. 하지만 이런 아이슈타인이 천재가 된 것은 바로 어머니의 칭찬과 격려였다. "너는 남다른 특별함을 가지고 있어 반드시 훌륭한 사람이 될 거야." 라며 칭찬을 아끼지 않았다. 안데르센 역시 그랬다. 그가 어렸을 때 글을 쓰고 있으면 사람들은 그를 두고, "이게 뭐람, 글을 쓰지 않는 게 좋겠어."라고 했다. 하지만 그의 어머니만은 달랐다. 그의 어머니는, "우리 아들이 글을 너무 재밌게 잘 쓴다. 정말 최고야."라며 칭찬을 해주었다고 한다. 안데르센은 어머니의 칭찬을 듣기 위해 계속해서 동화를 쓰기 시작했고 그 결과 세계적인 명작 안데르센 동화집이 탄생했다.

스피치를 연습할 때 잘 되지 않는다고 자책하지 말고 "저번보다 좀 발전한 것 같은데." "연습을 더 하면 프리젠테이션 성공하겠는데." 이렇게 스스로에게 칭찬을 해주어야 한다. 스피치를 할 때에는 자신감이 있어야 한다. 그래야만 대중 앞에서 말하는 것을 두려워하지 않는다. 만약 자신감이 없으면 속으로 "아, 나오늘 실수하면 어쩌지." "창피한데 눈을 어디다 둬야 하지." 이런 생각들이 많아져서 말이 더 꼬이게 되고 표정은 억지웃음을 짓거나 화난 사람 같아져서 어색해질 수밖에 없다. 그러니 스피치를 연습할 때 녹음기로 연습하는 것을 녹음해서 들어보고 거울 앞에서 표정도 보면서 연습하면서 실력이 조금씩 늘었다고 생각되면 바로 자신을 쓰담쓰담해 주면서 "조금 늘었네. 역시 나는 잘할 줄 알았어. 좀 더 연습해 볼까?"라며 스스로에게 칭찬의 말을 건네주자. 칭찬은 고래도 춤추게 하듯이 나에게 칭찬을 해주면 자신감이

붙어 스피치 실력도 늘 것이고 좋은 일도 많이 생겨서 아마도 어
깨춤을 추게 될 것이다.

안데르센

아인슈타인 어릴 때

같은 말이라도
말투에 따라 결과가 달라진다

　말투에 관련된 재미있는 우스갯소리가 있다. 조선시대에 백정이 고기를 팔고 있는데 김○○ 양반이 와서 "야, 이 무식한 백정 놈아. 소고기 2근만 다오."라고 했다. 잠시 후, 박○○ 양반이 와서 "김 서방, 소고기 2근만 주게나."라고 했다. 근데 고기를 받을 때 보니 박○○ 양반의 고기가 훨씬 큰 것이었다. 분명 같은 2근을 시켰는데 고기의 양이 다르자 화가 난 김○○ 양반이 "아니, 이 무식한 백정 놈아, 같은 2근을 시켰는데 왜 고기 크기가 달라, 이놈이 미쳤나."라며 호통을 쳤다. 그러자 백정은 "아, 무식한 백정 놈이 썬 고기 양은 적을 수밖에 없고, 김 서방이 썬 고기는 기분이 좋으니 더 클 수밖에 없죠."라고 대답했다는 재밌는 이야기이다. 이 재미있는 이야기에서도 말투의 중요성을 알 수 있다. 무시하는 말투로 이 무식한 백정놈아 라고 부르는 것과 자상하게 김 서방이라고 부르는 것은 천지차이다. 벌써 고기의 양이 달라졌으니 말이다.

이처럼 말투로 인해 듣는 사람의 감정이 달라지면 대화의 결과가 달라지게 된다. 『말투 하나 바꿨을 뿐인데』의 저자이면서 심리학자인 나이토 요시히토는 말투만으로도 상대방을 행동하게 하거나, 행동하지 않게 할 수 있다고 한다. 그리고 사람은 심리로 움직이고 심리는 말로 움직인다고 한다. 따라서 사람의 마음을 움직이는 심리기술을 이해하고 말투를 조금만 바꾸면, 하고 있는 일이 더 잘 풀리고 인간관계가 극적으로 달라진다고 한다. 말을 잘 사용하면 돈을 벌 수 있고, 이성과 사이좋게 지낼 수 있으며, 행복한 결혼생활도 할 수 있다고 나이토 요시히토는 말한다.

별로 중요하지 않다고 생각할 수 있는 말투가 사실은 사회생활의 행복과 성공에 중요한 연결고리인 것이다. 나는 말투 때문에 하루 종일 일진이 사나웠던 적이 있었다. 네일아트를 받은 지 오래 되서 거의 호랑이 손톱 수준이기에 후다닥 네일샵에 예약을 하고 갔다. 그날따라 주차할 곳이 마땅치 않았고, 어떤 얌체족이 차 두 대 세울 공간을 떡하니 혼자 차지하고 있길래 차 앞 유리에 붙어있는 전화번호로 전화를 해서 차를 빼달라고 했다. 시간도 촉박한 데다가 주차할 곳을 찾기 위해 고생했던 터라 그때 아마도 내 목소리에 짜증이 배어있었던 것 같다. 내가 "아, 차 좀 빼주세요" 라고 말하자 상대방 여자 분이 되려 나한테 화를 내기 시작했다. "아니, 주차할 공간이 되잖아요. 여기 끼워 맞추면 되지."라고 버럭 화를 내는 것이었다. 욱하는 성격이 있는 나 역시 맞받아쳤다. "차를 두 대 댈 수 있는 공간을 다 차지하셨잖아요. 운전 미숙한 사람은 이 좁은 공간에 주차하기 힘들어요. 아줌마가 잘못하셨는데 왜 화를 내세요." 이렇게 말하자 아줌마라는 단어가 싫었는지 그분은 더 크게 화를 내며 소리소리 질렀고 결국 경찰아저씨까지 부르는 상황이 되었다. 사실 말투만 서로 고왔어도 이런 상황까진 오지 않았을 것이다. "죄송해요, 빨리 차 빼드릴께요."라고 했으면 경찰까지 올 일이 없었을 것이다. 그리고 나 역시 좀 더 현명하게 "차 두 대 공간에 같이 차를 대서서요. 운전 잘하는 분은 차를 쉽게 주차하실 수 있을지 몰라도 저는 운전이 미숙해요."라고 말투를 부드럽게 설명하듯이 말했다면 경찰아저씨까지 오고 감정 소모하며 하루 종일 일진이 사납지 않았을 것이다. 사실 사고가 난 것도 아니고 바쁜 경찰아저씨까지 올 일이 아닌데도 말이다. 그 아줌마 말투가 하도 사나워서 싸움이 커졌던 탓일까. 그 아줌마 목소리가 하루종일 생각이 났고, 귓가에서 떠나질 않았다. 하루 종일 신경이 예민했고, 나에게 전화한 남동생에게도 공연히 짜증을 내는 바람에 동생도 황당해하면서 말다툼으로 번졌다. 그렇게 씩씩거리면서 걷다가 돌에 걸려 넘어져 무릎까지 까졌다. 이날 나는 너무 욱하지 말고 정말로 화낼 일이 아니면 더 예쁜 말투로 말하자는 교훈을 얻었다. 별일 아닌 일을 괜히 큰일로 만들지 말자는 생각이 들었다.

내 마음이 짜증이 나 있으면 모든 일이 꼬이면서 잘 풀리지 않고 사람들한테도 별일 아닌 일로 짜증을 내게 돼서 대인관계에도 부정적인 영향을 미치게 된다. 사소한 것 같지만 말투 하나로 그날의 행복지수가 달라질 수 있으니 절대 사소하지 않다.

하루가 쌓여 한 달이 되고 일 년이 되고 십 년이 된다. 그러니 그날 하루하루의 행복지수가 얼마나 중요한가. 서점가에 가 보면, 『말투로 성공을 결정한다』는 종류의 책들이 많이 나와 있다. 그런 책들이 많은 이유도 그만큼 말투가 중요하기 때문이다. 정말 화를 내야 하는 일이 있을 때는 그래야겠지만, 평소에는 듣기 좋고 상냥한 말투로 대인관계도 원만하게 하고 성공적인 사회생활도 이루어서 행복지수를 높일 수 있도록 하자.

인사를 잘하면
좋은 변화가 인사한다

예전부터 인사 잘하는 사람은 어딜 가도 사랑받는다는 말이 있는데 그만큼 인사는 모든 인간관계의 첫 단추를 끼우는 것과 같다. 모임에서 누군가를 마주쳤는데 인사하지 않으면 왠지 모르게 무시당하는 느낌에 기분이 안 좋아진다. 그래서 "쟤는 인사성이 없더라." "기본이 안 되어 있어."라는 좋지 않은 이야기를 듣게 된다. 반대로 먼저 인사를 잘하는 사람은 "인사성이 밝네." "참, 인성이 됐어."라는 좋은 이야기를 듣는다.

러시아의 대문호 톨스토이는 "인사는 경우를 막론하고 부족한 것보다 지나친 편이 낫다."고 했다. 인사로 성공한 요구르트 아줌마가 있는데 한 달에 천만 원의 매출을 올린다고 한다. 그녀는 "매일 만나는 사람마다 반갑게 인사를 먼저 했고 인사를 통해 알게 된 사람이 고객이 되었다"고 한다. KBS '세상의 아침' 리포터를 할 때 알게 된 이쁜 리포터 친구가 있었는데 그 친구는 얼굴도 이쁘지만 인사를 잘해서 본사 PD님들에게 이쁨을 받아 오랫동안 프로그램을 할 수 있었다. 리포터들은 거의 프리랜서로 활동하기 때문에 실력이 없으면 바로 다른 리포터로 교체가 되는 상황이 많다. 그 친구가 자신의 실력도 좋지만 인사성이 밝아서 PD분들이 더 좋게 생각해 주시고 오랫동안 프로그램을 할 수 있었다고 후배 리포터에게 이야기하는 것을 들은 적이 있다. 밝은 얼굴로 "안녕하세요." 혹은 "좋은 아침이네요." "날씨가 참 좋네요."라는 인사로 직장 상사나 부하 혹은 다른 사람들에게 좋은 인상을 남겨보자.

월마트의 창시자 샘 월턴의 사업 성공 비결도 바로 인사였다고 한다. 높은 자리에 있을 때도 늘 부하들에게도 먼저 웃으면서 인사를 건네 많은 사람들에게 존경을 받는다고 한다. 유튜브 영상 중에 '인사란 무엇인가'라는 주제의 인터뷰 영상이 있다. 영상 속에서 인사에 대해 사람들은 이렇게 답변했다. "인사란 행복한 첫인상이에요, 웃음으로 처음 대하면 나도 웃는 얼굴을 볼 수 있어요." "인사란 마음입니다, 사람의 모습을 비추는 거울이죠." "인사란 배려예요. 상대를 기분 좋게 하고 나 또한 기분이 좋아지는

것이에요.""인사란 만남의 첫걸음이며 상대가 느끼는 첫 번째 감
동이에요.""인사란, 상대방에 대한 예의이며 자기 자신의 됨됨이
를 나타내는 지표입니다." 다섯 분의 인터뷰 내용대로 인사는 행
복한 첫인상이며 마음이고 배려이면서 만남의 첫걸음이고 상대방
에 대한 예의이다.

채널 A뉴스에 '아침인사가 만든 작은 기적'이라는 제목의 영상
이 방송되었는데 영상에는 먼저 대학경비원 고근세 님이 밝게 인
사하는 모습이 나온다. 고근세 님은 밝게 인사하면 학교분위기도
좋아지고 모든 면에 긍정적인 방향으로 나갈 것 같아서 인사를 시
작하게 되었다고 한다.

처음에는 별난 아저씨라는 말을 들었지만 고근세 님의 인사는
행복바이러스처럼 퍼져나갔다. 학생들도 "항상 깍듯하게 인사해
주셔서 저도 아침마다 밝아지는 것 같아요."라고 했고 고근세 님
에게서 인사의 감명을 받은 학생들은 직접 다큐멘터리도 만들
었다.

배제대학교 김영호 총장님은 "이분이 오셔서 처음에 인사하기
시작한 이후에 학생들이 많이 달라졌다. 이제는 학생들이 모두 인

사말을 따라한다"고 인터뷰하시면서 뿌듯해하셨다. 고근세 님은 "어떻게 한 사람이 인사를 통해서 학교 분위기를 바꿀 수 있는지 대단하다고 격려해 주셔서 많은 보람을 느끼고 있다."고 하신다. 고근세 경비원 님의 미소 띤 인사로 인해 대학캠퍼스가 환하게 바뀌어 화제가 되어 뉴스에도 나온 것인데 짧은 인사말이지만 얼마나 큰 긍정적인 변화가 있는지 알 수 있다.

　마더 테레사는 "친절한 말은 짧고 하기 쉽지만, 그 울림은 참으로 무궁무진하다."고 말했다. 몇 마디 안 되는 인사말이지만 밝고 긍정적인 변화를 일으키는 인사, 이제는 쑥스러워하지 말고 먼저 밝게 웃으며 "안녕하세요." 혹은 "좋은 하루 되세요."라고 인사를 건네 보자.

분위기를 부드럽게 바꿔주는
유머의 힘

탈무드에는 다음과 같은 구절이 있다. "모든 생물 중에서 인간만이 웃는다. 인간 중에서도 현명한 사람일수록 유머가 넘친다." 그리고 헨리 워드 비처는 이런 명언을 남겼다. "유머감각이 없는 사람은 스프링이 없는 마차와 같다. 길 위의 모든 조약돌에 부딪힐 때마다 삐걱거린다." 삭막한 분위기 속에서도 누군가가 유머를 구사해 모두를 웃게 하면 그 분위기는 다시 밝아지고 좋아지는 경우가 있다. 그러니 삭막한 분위기를 유머로 밝게 바꾸는 사람은 탈무드 명언처럼 얼마나 현명한 사람인가. 앞의 처칠의 유머 외교 이야기에서 언급했듯이 난처한 상황이나 딱딱하고 어색한 분위기를 부드럽게 바꾸어 줄 수 있는 것이 바로 유머의 힘이다.

미국 대통령 링컨은 원숭이를 닮은 외모 때문에 못생겼다는 지적을 자주 받았다고 한다. 중요한 유세에서 상대 후보가 링컨에게 이렇게 말했다고 한다. "당신은 두 얼굴을 가진 이중인격자야!"라고 하자 링컨은 "내가 정말 두 얼굴을 가졌다면 이 중요한 자리에 왜 하필 못생긴 얼굴을 가지고 나왔겠습니까?"라고 대답했다.

링컨의 이 유머 덕분에 사람들은 폭소를 터트렸고 그곳에 있는 모든 사람들은 링컨의 편이 되었다. 만약 링컨이 이렇게 재치 있고 유머스럽게 받아치지 않고 "뭐라구요, 당신 얼굴이나 생각하시지!"라며 같이 화를 냈다면 분위기는 더 삭막해지고 그곳에 있던 사람들은 링컨의 편이 되지 않았을 것이다. 이렇게 유머는 분위기를 좋게 바꾸어주는 힘을 가지고 있다.

링컨에게는 외모와 관련된 일화가 또 있다. 어느 날 링컨이 길을 걷는데 한 남자가 그의 얼굴에 총을 들이대며 소리쳤다. 링컨이 "무슨 일이요?"라고 묻자 그 남자는 "나는, 나보다 못생긴 사람을 쏘겠다고 맹세했소!"라고 했다. 그러자 링컨이 웃으면서 말했다. "그게 사실이라면 당장 쏘시오, 내가 당신보다 못생긴 게 사실이라면 나도 살고 싶지 않으니까." 나 같으면 이 상황에서 "살려주세요, 쏘지 마세요."하며 덜덜덜 떨었을 것 같은데 이 떨리는 상황에서 유머를 구사하며 배짱 있게 나가는 링컨의 모습은 정말 놀랍다. 게다가 이 상황에서 상대방이 더 못생겼다는 의미로 이야기한 것이니 말이다. 나였으면 너무 무서워서 "제가 더 못생기긴 했지만 살려 주세요."라고 했을 것이다. 이렇듯 유머는 어려운 상황도 벗어나게 해줄 수 있고 난감한 상황을 부드럽게 바꾸어 주며 다른 사람과 더 친밀해지고 쉽게 대화할 수 있게 하며 사람들에게 인기도 한 몸에 받게 해준다. 하지만 많은 사람들이 이 사실을 알고 있지만 유머감각이 없어서 어떻게 해야 하냐고 고민을 많이 한다.

나 역시 썰렁한 유머를 구사하고 낯을 가리는 성격인지라 "어떻게 하면 유머러스해지지?" 하는 고민을 많이 하면서 유튜브를 찾아보기도 했다. 그러다가 신상훈 교수님의 '유머가 이긴다'라는 영상을 보고 유머감각이 없어서 고민하시는 분들께 알려주면 좋겠다는 생각이 들었다. 원래 타고나길 유머감각이 있는 분들은 고민을 안 해도 될 것이다. 하지만 그렇지 않은 분들은 유머감각에 관한 고민이 있을 것이다. 부드러운 사회생활을 위해 유머감각을 키우고 싶을 것이다. 하지만 방법을 몰라 고민하시는 분들이 많다. 신상훈 교수님은 연습을 많이 해야 한다고 한다. 재미있는 개그나 상황을 메모해 두고 나중에 적절한 상황에 그 유머를 구사해 보는 것이다. 냉장고에 요리할 재료가 없으면 아무리 유명한 쉐프가 와도 요리할 수 없듯이 머릿속에 든 게 많아야 재밌는 말도 많이 나온다. 그러브로 신문 잡지책도 많이 읽어야 하고, 메모도 습관화해야 한다. 메모를 할 때는 보통 문어체가 아닌 구어체로 적으라고 한다. "눈을 위한 글이 아니라 귀를 위한 말을 적어라."라는 신상훈 교수님의 강의내용이 마음에 와닿았다. 메모를 해 놓은 것들을 크게 소리 내어 읽는 것이 중요하다. 왜냐하면 귀로 들으면서 연습해야 어디서 실수했는지, 어디를 고쳐야 하는지 알 수 있기 때문이다.

개그프로그램에 나오는 개그맨들의 동영상을 보고 배워서 비슷한 상황에 사용해 보는 것도 좋은 방법이다. 개그맨들이 어떻게 이야기하는지, 어떻게 말을 재밌게 바꾸는지 유심히 보고 소리 내어 한번 따라해 보자.

그다음에는 농담 던지는 연습을 하자. 그럼 더 자연스럽게 유머 실력이 향상될 것이다. 처음에는 쑥스럽고 자신도 없을 테니 믿을 만한 가족들과 정말 친한 친구한테 먼저 농담을 던져보고 솔직하게 유머감각이 없어서 키우는 연습 중이라고 이야기하고 왜 재미가 없는지 평을 새겨듣고 다시 연습해 보자. 익숙해지면 가깝지 않은 사람에게도 자신 있게 유머를 던져보자. 그리고 상대방이 웃지 않아도 자신감 있게 본인이 웃어버리면 썰렁한 분위기도 부드러워지니까 유머를 던진 후 사람들의 반응이 좋지 않아도 너무 상처받지 말고 "안 웃겼어요? 잉~"하면서 살짝 애교 부리거나 "나는 재밌는데~"라면서 본인이 크게 웃자.

뭐, 개그맨도 매번 웃기는 건 아니다. '다음에는 성공하자'라는 긍정 마인드를 갖는 것도 중요하다. 아니면 자신감을 잃어서 위축될 수도 있으니 말이다. 그리고 유머를 구사할 때 다른 사람을 비하하는 농담을 하는 것은 좋지 않다. 웃기기 위해 상대방을 상처 주거나 모욕을 주어서는 안 된다. 상대방을 비하하는 유머는 좋은 유머가 아니다. 어떤 분은 유머감각을 키우기 위해 아침에 일어나면 네이버와 다음 뉴스 검색에 '유머'를 넣고 검색한다고 한다. 그럼 하루 동안의 뉴스, 블로그, 카페에 올라온 유머소스가 뜨는데 5분 정도 쓸 만한 유머를 찾으면서 곧바로 메모를 한다고 한다. 기록은 기억을 지배하기 때문에 아침부터 이렇게 재미있는 유머를 모으면 신기하게 하루 종일 재미있거나 위트 있는 멘트들이 귀에 착착 들어온다고 한다. TV예능 프로그램이나, 드라마, 영화를 볼 때도 재미있는 멘트를 부지런히 메모한다. 이렇듯 유머감각을 키우기 위해서는 노력과 연습이 중요하다. 위의 방법으로 하나씩 연습해서 이 책을 읽으시는 분들 모두 학교나 직장, 사회생활에서 인기 있는 사람이 되었으면 좋겠다. 웃음은 만병통치약이라고 하지 않던가. 사람들에게 만병통치약을 주는 사람이 되어보자.

Part 6

진심이 담긴
스피치는 파워풀하다

상대방의 마음을 움직이는
공감 스피치

카톡방이나 단톡방에는 사람들이 좋은 글이나 정보, 동영상을 많이 공유한다. 예전에 학교선배님이 단톡방에 "사람의 마음을 움직이는 힘"이라는 동영상을 올려주셨는데 1분 47초짜리 짧은 영상이지만 마음이 울컥하면서 감동이 되었기에 나 역시 카카오 스토리와 페이스북에 공유를 해 놓았다.

영상에는 사람들이 지나다니는 거리 한 편에 시각장애인 노숙자 한명이 앉아서 구걸을 하고 있다. 그의 팻말에는 삐뚤빼뚤한 글씨로 "I'M BLIND PLEASE HELP"라고 씌어 있었다. '나는 장님입니다, 도와주세요' 라는 뜻의 문구였다. 그러나 많은 행인들은 구걸을 하는 노인의 모습을 그냥 본체 만체하며 지나갈 뿐이었다. 그저 동전을 던져주는 사람이 아주 가끔씩 있을 뿐이다. 그러던 중 이 모습을 보게 된 한 여성행인이 가던 길을 멈추고 다시 되돌아왔다. 그 여성 역시 다른 행인들처럼 동전을 줄 것이라 생각했는데 여성의 행동은 그렇지 않았다. 여성은 노숙자가 들고 있는 팻말을 뒤집어 그곳에 무언가를 열심히 적어준다.

시각장애인 노숙자는 그녀가 앞에서 무엇을 적고 있는 동안 앞이 보이지 않아 그녀의 신발을 손으로 더듬더듬 만져보며 그녀가 무엇을 하고 있는지 궁금해한다. 그녀가 새롭게 팻말을 적어준 뒤, 놀라운 현상이 벌어지게 된다. 갑자기 행인들의 도움의 손길들이 끊이지 않는다. 그전에는 거의 대부분의 행인들이 시각장애인 노숙자를 본체 만체 그냥 지나갔는데 팻말의 내용이 바뀌고 나서 지나가는 행인들마다 가지고 있는 푼돈을 조심스레 시각장애인 노숙자에게 건네는 모습이 계속해서 이어진다. 노숙자는 과연 그녀가 뭐라고 적어 주었길래 이렇게 많은 사람들이 도움의 손길을 건네게 되었는지 궁금해한다. 얼마 후 팻말의 내용을 바꿔준 여성이 다시 노숙자 앞에 오고 노숙자는 여성의 신발을 손으로 만져본 후 팻말의 내용을 바꿔준 여성인지 알아챈다.

그녀임을 눈치챈 노숙인은 갑자기 사람들이 도움의 손길을 주는 이유가 궁금해 "내 종이판에 뭐라고 쓰셨나요?"라고 물어

본다. 그녀는 "뜻은 같지만 다른 말들로 썼어요"라고 대답하고 노숙자는 감사의 뜻을 전한다. 만약 여러분이라면 글을 어떻게 바꿀까? 한번 생각해 보고 밑에 그녀가 바꾼 말을 확인해 보자. 과연 어떻게 말을 바꾸었길래 지나가는 행인들의 마음을 바꾸었을까? 그녀는 바로 "IT'S A BEATIFUL DAY AND I CAN'T SEE IT."이라고 적었다. "아름다운 날입니다. 그리고 전 그것을 볼 수 없네요"라고 바꾸었던 것이다.

"저는 장님입니다, 도와주세요"라는 문구보다 "아름다운 날입니다. 그리고 전 그것을 볼 수 없네요"라는 문구가 사람들의 마음을 움직이게 한 것이다. 날씨도 좋고 화창하고 오늘 좋은 날이라고 사람들은 느끼지만 이날을 자기는 볼 수 없다고 표현함으로써 사람들의 공감을 불러일으킨 것이다.

다른 행인들은 아름다운 날인 것을 공감하지만 이 사람은 이 아름다운 날을 볼 수가 없구나 하는 생각이 드니 마음이 짠해져서 도움의 손길을 주지 않을 수 없었던 것이다. 이 영상 시작 전에는 "말의 힘 - 감동영상"이라고 씌어 있고 영상 끝에는 "change your words changer your world(당신의 말을 바꾸세요, 그리고 당신의 세상을 변화시키세요)"라고 써 있다.

같은 뜻이지만 어떻게 표현하는지에 따라서 큰 차이의 결과를 만들어낼 수 있다는 걸 보여주는 감동적인 영상이다. 좋은 말과 긍정적인 말 그리고 선한 말로 사람들의 공감도 끌어내고 기쁨과 슬픔도 같이 나누며 사람들에게 행복하고 선한 영향력을 주는 것! 그러다 보면 change your words, changer your world가 되는 건 아닐까.

QR을 찍어 영상을 확인해 보세요

사람의 마음을 움직이는 힘 '나는 장님입니다' 영상

감정을 말로 표현하는 것이 중요하다

"다정한 말은 누군가의 가슴속에 하루 종일 꽃을 피운다."라는 말이 있다. 예전에 기운 없이 축 처져 있을 때 방송국 국장님이 "야, 김채현! 네가 누구야, 할 수 있어!"라는 말씀에 갑자기 기운이 나서 파이팅 넘쳐서 일을 잘 해결했던 기억이 있다. 물론 국장님의 기대에 부응하고 싶고 칭찬받고 싶었던 마음도 포함되어 있던 것 같다. 국장님은 무심코 던져주신 말씀인 줄 몰라도 내 가슴속에는 꽃이 피어나서 힘이 되었었다. 그 후로 나도 후배나, 지인들, 친구, 선배님께도 긍정적이고 좋은 말을 하기 위해 노력한다. 다들 마음속에 꽃이 피어 파이팅이 넘쳤으면 좋겠다는 내 바람이고 작은 말이지만 긍정적이고 행복이 섞인 말의 힘을 믿기 때문이다. 그래서 나의 작은 말이지만 내 주변 사람들이 조금이나마 행복해졌으면 좋겠다. 감정을 말로 잘 표현하지 않으면 상대방은 나의 마음을 절대로 알 수 없다.

"내가 말 안 해도 눈치로 알겠지"라며 표현하지 않아도 상대방이 내 마음을 알아주기를 바라면 안 된다. 열 길 물속은 알아도 한 길 사람 속은 모른다는 속담이 있다.

표현하지 않아도 눈치로 마음을 아는 경우도 있겠지만 그렇지 않은 경우가 더 많기 때문에 표현을 꼭 해야 한다. 어릴 때는 남자친구를 사귈 때 "사랑해"라는 말을 잘 해주지 않았다. 그땐 나도 이상한 자존심을 갖고 있었던 것 같다. 그리고 내가 말해주지 않아도 그 친구도 내가 좋아하는 걸 알겠지, 라고 생각했는데 헤어지고 나서 남자친구의 친구가 나에게 "걔는 네가 자기를 별로 안 좋아했다고 생각하던데"라는 말을 듣고 표현을 잘 안 해준 것이 너무 후회되었다. 그 뒤로 표현의 중요성을 깨달았다. 나도 그 친구가 고맙고 많이 생각나도 헤어진 후에 다시 전화해서 "사랑해"라고 말할 수는 없으니 그때 그때 표현을 잘 해주는 것이 중요하다.

주변 커플들도 보면 만나는 동안 최선을 다하고 표현을 잘한 사람은 헤어져도 미련이 없는 반면 그렇지 않은 쪽은 미련이 남아 헤어지고 나서도 계속 연락하고 "그때 더 잘하고 표현할 걸"이라면서 후회를 하는 경우를 많이 봤다. 남자친구뿐 아니라 가족에게 표현을 잘 해주는 것도 중요하다.

나는 할머니가 돌아가시고 나서 왜 좀 더 할머니와 많은 시간을 보내지 않았는지 후회스러웠다. 맛있는 음식도 더 많이 사드리고 전화도 자주 해 드리고 사랑한다고 더 많이 말씀드리지 못한 것들에 대한 후회가 남아 아직도 가슴이 아프다.

사랑해, 미안해, 고마워 등 자신의 감정을 말로 표현하는 것이 중요하다. 예를 들면 운전을 하다가 상대방이 실수를 했는데 "미안합니다."라는 표현을 하면 화가 나도 시비가 붙지 않게 되는데 미안하다고 표현하지 않으면 싸움이 붙게 되는 경우가 많다. 예를 들어 길을 가다가 상대방이 내 발을 밟았다고 상상을 해보자. 그런데 상대방이 미안하다고 하지 않고 멀뚱 쳐다보고 그냥 지나간다면 더욱 화가 나서 상황이 더 안 좋아질 것이다. 하지만 미안하다라고 말하면 짜증은 나더라도 "네, 조심하세요."라고 넘어가게 된다. "고마워."라는 말도 마찬가지다. 굳이 보상을 받거나 고맙다는 말을 들으려고 한 행동은 아닐지라도 상대방이 고맙다고 표현하지 않으면 살짝 기분이 상하게 되는 것이 사실이다.

사람은 잘 변하지 않는다고 하는데 사실 예전에는 나는 새침떼기 같은 성격이 좀 있었다. 근데 그 성격이 둥글둥글하고 융통성 있게 바뀌게 되었다. 그 이유를 소개해 볼까 한다.

정말 멋지고 귀엽고 이쁜 동생과 친하게 지내게 되었다. 나는 초등학교, 고등학교 때부터 만나온 친구들과 쭉 친하게 지내는데, 그 동생은 어릴 때부터 친한 것은 아니지만 성격도 잘 맞고 재미있고 집도 가까워서 거의 매일 만나서 놀 정도로 친해졌었다. 그러다가 서로 오해할 일이 생기고 둘 다 욱하는 성격이 있어서 별거 아닌 일로 몇 번 티격태격한 일이 좀 쌓여 있었다.

그 동생이 남자친구와 결혼 날짜를 잡았었는데 나는 결혼식장에 갈까 말까 고민하다가 나보다 동생인데 먼저 연락하겠지, 하는 마음에 연락을 안 하고 결국 결혼식장을 가지 않았다. 대신 다른 친구를 통해 축의금만 보냈다. 그 동생이 일본에 가서 살게 됐다는 사실만 알고 가끔 생각나고 보고 싶어서 먼저 연락해 볼까 하다가 그 알량한 자존심이 뭔지 결국 연락하지는 않고 '잘 살겠지'하는 생각으로 2년이 흘렀다. 어느 날 수업을 가고 있는데 청천벽력 같은 전화를 받게 되었다. 그 동생이 백혈병으로 하늘나라에 갔다는 것이다. 나는 울며불며 장례식장으로 날아갔고 동생의 친구들로부터 동생의 결혼생활을 전해들을 수 있었다. 결혼생활이 힘들어지고 마음과 몸까지 아프게 된 사연을 듣고 가슴을 쳤다. 그 알량한 자존심이 뭐라고. 먼저 연락해 볼 걸 하는 후회가 들어 마음이 너무 아팠다. 그 동생도 가끔 내 소식을 궁금해했지만 결혼식장에 오지 않은 사람들에게는 백혈병에 걸린 것을 알리고 싶어 하지 않았다고 했다. 너무 마음이 아팠다. 그 오해가 대체 뭐라고, 조금만 내가 양보하고 져주면 될 일을 뭐가 잘났다고 그 자존심을 부린 걸까. 같이 쇼핑하고 영화도 보고 소주 한잔하며 집안일 고민도 서로 털어놓고 나한테 요리해 준다고 이벤트 해준다던 그 동생과의 추억이 떠올라서 마음이 송곳으로 찌른 것처럼 아팠다.

병상에 있을 때 정말 외롭고 힘들 때 같이 해주지 못한 미안함, 그 미안함과 미련은 부메랑이 돼서 더 큰 아픔으로 나에게 왔다. 한동안 동생이 꿈에 나타났고 꿈에서 나는 동생에게 정말 힘들고 외로울 때 함께 해주지 못해 미안하고 내 옆에서 나랑 친하게 지내줘서 고마웠고 사랑한다고 얘기했다. 꿈에서는 그 동생이 다시 살아 돌아올 때도 있었는데 나는 그때마다 아이처럼 좋아했다. 이 일을 겪고 난 후부터 나는 별거 아닌 일에 예민하게 굴지 않고 둥글둥글해졌다. 새침떼기 같던 성격이 어느덧 쿨한 성격으로 바뀌었다. '한번 사는 인생 나와 내 주변이 행복한 게 중요하지' 라는 생각이 들어서 더 양보하고 배려하는 성격으로 바뀐 것 같다. 아직은 그래도 많이 부족하겠지만 그 동생에게도 표현하지 못했던 일이 더 큰 아픔으로 부메랑이 되어서 나에게 돌아온 이후에는 더 자주 표현하고 더 배려하고 더 이해하고 더 좋고 긍정적인 말을 하기 위해 애쓴다. 나의 사랑하는 이쁘고 멋진 동생에게 이 책을 통해 또 내 마음을 전하고 싶다.

너는 너무 이쁘고 멋졌어. 나와 함께 해줘서 늘 고맙고 힘들 때 함께 해주지 못해 너무 미안해. 항상 사랑한다.

"고마워.", "미안해.", "사랑해." 이 짧지만 강력한 단어를 가족과 친구들에게 자주 표현함으로써 후회할 일 없이 소중한 사람들과 늘 행복하길 바란다. 낯간지럽더라도 부모님과 친구에게 애교 섞인 목소리로 "따랑해."라고 말해보자.

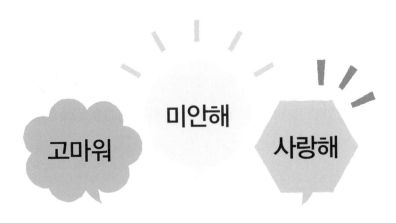

언어의 피그말리온 효과를 사용하자

피그말리온 효과란 강한 바람이나 긍정적인 기대를 갖게 되면 현실로 이루어진다는 심리적 정신적 효과를 말한다. 피그말리온 효과는 유명한 그리스 신화에서 유래했다.

조각가 피그말리온은 아름다운 여인상을 조각하고 자신이 만든 조각상이 너무 아름다워서 그만 그 조각상과 사랑에 빠지게 되었다. 어느 날 사랑의 여신 아프로디테를 기념하는 축제가 벌어졌다. 사람들은 여신의 신전에 온갖 제물을 바치고 소원을 빌었다. 피그말리온 역시 정성껏 마련한 제물도 드리고 아프로디테 여신에게 간절히 기도했다. '여신이여, 제발 저 조각상이 제 아내가 되게 해주세요.'

집으로 돌아온 피그말리온은 여느 때처럼 조각상에 다가가 입을 맞추었는데 입술에서 온기가 돌고 살결도 따뜻해지는 게 아닌가. 피그말리온은 뛸 뜻이 기뻤다. 이처럼 피그말리온 효과는 피그말리온의 간절한 사랑과 기도에 아프로디테도 감동을 받아 조각상에 생명을 불어 넣어줬다는 신화에서 유래했다.

그리스신화 피그말리온

피그말리온 효과는 교육심리학적으로는 학생이 교사의 기대에 부응하기 위해 성적이 향상되는 현상을 말한다. 세계에서 가장 큰 전자회사인 제너럴 일렉트릭 회장인 잭 웰치는 회사를 세계 최고의 기업으로 만든 최고의 경영인으로 알려져 있다. 그는 어릴 때부터 말을 더듬었는데 자신감을 잃지 않고 세계 최고의 경영자가 되기까지 어머니의 교육방법과 기대가 뒷받침되어 있었다.

잭 웰치의 책『끝없는 도전과 용기』에는 이런 내용이 나온다.

어머니는 자신감을 키워주는 법에 대해서는 완벽하게 알고 있었다. 나는 말을 더듬
는 습관을 가지고 있었는데 여간해서 잘 고쳐지지 않았다. 종종 식당에서 참치를 주문
하는데 웨이트리스는 "차–참지(tu-tuna) 샌드위치요"라는 내 주문을 '두 개의 참치(two
tuna) 샌드위치'라고 알아듣고 하나가 아닌 두 개의 샌드위치를 가져오곤 했다. 어머니
는 내가 말을 더듬는 이유를 완벽하게 설명해 주었다. "그건 네가 너무나 똑똑하기 때
문이지. 누구의 혀도 네 똑똑한 머리를 따라갈 수는 없을 거야."라고 말했다. 사실 나는
수년 동안 내가 말을 더듬는다는 것을 전혀 깨닫지 못했다. 나는 어머니의 말을 아무런
의심 없이 그대로 믿었다. 단지 머리가 입보다 훨씬 더 빠르게 움직이기 때문이라는 어
머니 말을 말이다.

– 잭 웰치, 『끝없는 도전과 용기』 중에서

만약 잭 웰치의 어머니가 "잭, 넌 왜 이렇게 말을 더듬니? 진
짜 속상해 죽겠네. 다른 아이들처럼 해보란 말이야."라고 야단을
쳤다면 지금의 잭 웰치는 없었을 것이다. 잭 웰치는 자신을 똑똑
하다고 생각하는 어머니의 기대에 부응하고 싶어서 무엇이든지
더 열심히 했던 것이다.

나도 학창시절에 담임선생님과 부모님께 칭찬을 들으면 기분
이 좋아지고 또 칭찬을 듣고 싶고 기대에 부응하고 싶어져서 공
부를 더 열심히 했던 기억이 난다. 얼마 전에 학교 선배님 모임

이 있어서 나갔는데 너무 좋으시고 인기가 많으신 선배님을 오랜만에 뵀다. 그런데 갑자기 10년 이상이 늙어 보이시고 얼굴이 너무 안 되어 보이셔서 "선배님, 어디 아프세요? 몸이 안 좋아 보이세요."라고 여쭤보았다. 그러자 선배님께서는 이런 이야기를 들려주셨다. 아픈 게 아니라 세 달 전 쯤 병원에서 암이라는 진단을 받으시고 겁이 덜컥 나고 '나는 이제 죽었구나'라면서 매일매일 불안하시고 마음이 힘드셨다고 한다. 그런데 알고 보니 병원의 오진이었다는 것이다. 진짜로 아프신 게 아니라 병원의 잘못된 진단으로 인하여 마음고생을 하도 하셔서 흰 머리도 엄청 늘어나시고 10년 이상 나이 들어 보이시게 된 것이었다.

선배님이 암이 아닌 건 정말 다행이었다. 하지만 마음의 병이 정말 무섭긴 무섭구나 하는 생각이 들었다. 몸이 아프신 게 아닌데 마음이 오죽 안 좋으셨으면 정말 많이 아프다고 하셔도 믿을 정도로 얼굴이 안 좋아지셨으니 말이다. 그래서 정말 아프신 게 아니라 다행이라고 이제 마음 편히 생각하시라는 말씀을 드렸다.

선배님의 경우를 봐도 마음을 긍정적으로 먹는 일이 얼마나 중요한지를 알 수 있다. 평소에 긍정적인 마인드를 갖는 것, 나 자신에게도 칭찬해 주고 쓰담쓰담해 주기. 상대방에게도 칭찬과 격려의 말을 해 주기. 그리고 피그말리온 효과를 사용해서 어떤 일이든지 좋은 결과를 가져오도록 하는 것을 잊지 말자.

기업인 잭 웰치(Jack Welch)

'감사합니다'라는
말의 위력

나는 '고맙습니다. 나는 진실로 복 받은 사람입니다'라고 말하지 않고
지나간 날이 단 하루도 없다.

-오프라 윈프리

    카카오톡 단톡방에 올라오는 좋은 영상이나 감동의 글 중에는 좋은 것들이 참 많다. 하루는 단톡방에 '감사인사의 소중함'이라는 글이 올라왔는데 정말 감사인사가 소중하고 중요하구나, 또 감사인사를 잘하면 인생이 바뀔 수도 있겠구나 하는 생각이 들었다. 이 글은 『마음의 속도를 늦춰라』라는 책 내용에서 발췌한 것이었다.

    한 외국계 기업에서 직원을 채용했다. 공석은 단 한 자리뿐이었는데 1, 2차 면접을 거친 후 다섯 명의 지원자가 남았다. 인

사과 책임자는 이들에게 3일 안에 최종 결과를 알려주겠다고 통보했다. 지원자들은 각자 집으로 돌아가 초조한 마음으로 결과를 기다렸다. 다음 날, 한 여성 지원자는 회사로부터 다음과 같은 내용의 이메일을 받았다. '저희 회사에 지원해 주셔서 감사합니다. 그러나 안타깝게도 귀하는 이번에 채용되지 않으셨습니다. 인원 제한으로 인해 귀하처럼 재능 있고 뛰어난 인재를 모시지 못하게 된 점 매우 애석하게 생각합니다.' 메일을 받고 그녀는 마음이 아팠지만 한편으로는 메일에 담긴 진심어린 위로에 감동을 받았다. 그래서 아래와 같은 짧은 감사 메일을 써서 보냈다. "앞으로 하시는 모든 일이 잘 되길 기원합니다. 감사합니다." 그런데 3일째 되던 날, 그녀는 뜻밖에도 회사로부터 합격을 알리는 전화를 받았다. 나중에 알고 보니 그녀가 받았던 불합격 통지 메일이 마지막 시험이었던 것이다. 다섯 명의 지원자 모두 그녀와 같은 메일을 받았던 것이다. 그러나 감사 메일을 보낸 사람은 단 한 사람 그녀뿐이었다.

어떤 상황에서도 감사할 줄 알고, 또 그 감사를 말이나 글로 표현할 줄 아는 사람이 역시 빛나는 것이다. 어떤 상황에서나 감사할 줄 아는 사람이 또 바로 여기 있다. 바로 미국 최고 토크쇼의 여왕이며 영화배우이자 자산 6억 달러의 부자로 미국인이 가장 존경하는 여성인 오프라 윈프리이다.

1954년, 오프라 윈프리는 지독하게 가난한 미혼모에게서 태어났다. 태어나자마자 엄마가 아닌 할머니의 밑에서 자란 그녀는 감자포대로 옷을 만들어 입을 만큼 가난한 유년기를 보냈다. 심지어 어린 9살 때 사촌오빠와 삼촌에게 성폭행을 당했다.

엄마에게 이 사실을 알리며 여러 번 도움을 청했지만 엄마는 그냥 대수롭지 않게 여겼다고 한다. 이러한 상황에서 오프라 윈프리는 결국 반항아로 변했고 이런 그녀를 감당할 수 없었던 엄마는 결국 아버지의 집으로 오프리를 보냈다.

오빠 친구들에게 성폭행을 당해 아빠가 누군지도 모르는 아이를 임신하여 14살에 출산과 동시에 미혼모가 되었지만 아이는 태어난 지 2주 만에 죽었다. 그 충격에 윈프리는 결국 가출을 했고, 마약 복용으로 하루하루를 지옥같이 살았으며 살고자 하는 의욕이 전혀 없었다. 살은 점점 불어나 107킬로그램에 육박하는 몸매를 가졌던 오프라 윈프리. 이렇게 일반 사람들이 상상할 수조차 없는 힘든 일을 겪었던 그녀가 지금은 미국에서 가장 사랑받고 존경받는 토크쇼의 여왕이 되었다. 게다가 자산 6억 달러의 부자로 모든 것을 가진 성공한 여인이 되었다. 부잣집에서 태어나 아픔없이 커서 승승장구하며 토크쇼의 여왕이 된 것처럼 보이는 오프라 윈프리에게 이런 아픔이 있었던 줄은 몰랐다. 그래서 나는 오프라 윈프리의 책을 읽고 깜짝 놀라고 말았다.

오프라 윈프리

    이런 그녀에게 다행히도 아버지와 새엄마가 그녀가 옳은 길을 갈 수 있도록 그녀의 교육에 힘썼고 윈프리는 다시 고등학교에 진학했다. 고등학생이 된 윈프리는 전교회장에 당선되는 등 새로운 삶을 살기 시작했다. 그러면서 연설 대회나 콘테스트에 출연해 유명세를 탔고 19살에는 라디오 프로그램 진행자로 발탁되기도 했다. 아버지와 새엄마의 도움으로 다시 새로운 삶을 시작할 수 있었던 것이다. 만약 이런 일을 겪는다면 대부분의 사람들은 그 상처와 아픔, 그리고 계속 생각나는 기억으로 다시 일어서기 정말 힘들 것이다. 나 같았으면 아마 폐인이 됐을 것이다. 이렇게 아무나 이겨낼 수 없는 일들을 겪고도 오뚜기처럼 멋지게 일어나고 오늘날 세계에서 가장 영향력 있는 방송인으로 평가받고 있는 그녀의 가장 큰 성공 비결은 무엇일까? 바로 책 읽기와 감사일기라고 한다. 그리고 또 한 가지는 언어습관이다. 그녀는 감사하다는 말을 습관처럼 자주 했다고 한다. '고맙습니다. 나는 진실로 복 받은 사람입니다.'라고 말하지 않고 지나간 날이 단 하루도 없었다고 한다. 게다가 날마다 감사일기를 쓰는데 내용은 정말 일상적인 것들이라고 한다. "유난히 눈부시고 파란 하늘을 보게 해주셔서 감사합니다." "점심 때 맛있는 스파게티를 먹게 해주셔서 감사합니다." "얄미운 짓을 한 동료에게 화내지 않은 저의 참을성에 감사합니다." "좋은 책을 읽었는데 그 책을 써 준 작가에게 감사합니다."

오프라 윈프리의 감사일기는 이렇게 지극히 평범하고 일상적인 것이다. 그녀는 감사일기를 통해 두 가지를 배웠다고 한다. 첫째는 인생에서 소중한 것이 무엇인지를, 둘째는 삶의 초점을 어디에 맞춰야 하는지를 말이다. '감사합니다'라는 말과 감사일기는 지금의 오프라 윈프리를 만든 원동력인 것이다.

오프라 윈프리는 커다란 상처와 아픔을 딛고 다른 사람들의 아픔도 더 폭넓게 이해하게 되어 사람들의 상처와 아픔을 어루만져 주는 일도 많이 한다. 자신의 상처가 크면 다른 사람들의 마음을 치유해 주기란 정말 쉽지 않은 일인데 오프라 윈프리는 자신의 상처를 극복하고 다른 사람들의 마음을 쓰다듬어주니 정말 세계에서 멋진 여성으로 뽑힐 만하다. 힘들 때마다 성경 구절을 외우며 절망할 때마다 하나님을 보며 의지하고 기뻐하고 '감사합니다.'라는 말과 감사일기로 결국엔 승리해 내는 오프라 윈프리를 보면서 나도 감사일기를 써본다. "오늘 맛있는 돼지갈비를 먹게 해주셔서 감사합니다." "내가 소중하게 생각하는 사람들이 건강해서 감사합니다."라고….

> 나는 '고맙습니다. 나는 진실로 복 받은 사람입니다'라고
> 말하지 않고 지나간 날이 단 하루도 없다.
>
> ―오프라 윈프리

소와 사자의 사랑 이야기로 배우는
역지사지 스피치

학교 선배님의 권유로 캘리포니아 주립대 최고위과정 수업을 6개월 듣고 수료했다. 처음에는 다닐까 말까 고민도 많이 했지만 막상 다니고 보니 같이 수업 들으시는 분들도 너무 좋으시고 수업들이 알차고 재미있어서 다니길 잘했다고 생각했다.

그때 들었던 수업 중 기억에 남는 수업이 있었는데 바로 화장품 회사의 나종호 대표 이사님의 수업이었다. 나종호 대표님은 예전에 여자들에게 인기가 많았던 진동파운데이션을 만들어서 대박을 터트렸던 화장품 회사의 대표 이사님이셨다. 대표님은 수업중에 "남자인 제가 어떻게 여자 화장품으로 대박 낼 수 있었을까요?"라고 질문을 던지셨다. 정답은 바로 역지사지였다. 화장품을 사용하는 여자들의 마음이 되어서 생각해 본다는 거였다. '파운데이션이 손에 묻으면 여자들 참 불편하겠다'라는 생각에서 만든 제품이 바로 진동파운데이션이었던 것이다.

그 당시 진동파운데이션은 홈쇼핑에서 거의 50만 개가 팔리는 성공을 거두었었다. 성공을 거두고 나서 타 회사들이 너도나도 진동파운데이션을 출시했었다. 진동파운데이션이 만들어지고 대박까지 나게 된 것은 바로 여자들의 마음이 되어서 생각을 했기 때문이다. 그 외에도 부부사이의 이야기도 해주셨는데 남편이 부인 입장이 되어서 생각하고 대화하고 부인도 역시 남편 입장이 되어서 생각해 보고 대화하면 서로 싸울 일도 줄어들고 사이도 좋아진다고 하셨다. 그러면서 남자들에게 가끔 집에 와인도 사가고 분위기 있는 말도 해보라고 하셨다.

수업을 들으시는 기혼자분들은 낯간지럽다는 반응을 보였다. 하지만 나종호 대표 이사님은 한번 행동으로 옮겨보면 달라진다고 하셨다. 아직 결혼을 하지 않은 나는 수업을 들으면서 지금 만나는 사람들과의 관계도 역지사지를 하고 결혼을 하게 돼서도 역지사지를 해야겠다는 생각이 들었다.

이런 일화와 관련하여 소와 사자의 사랑이야기가 있다. 소와 사자는 서로를 너무나 사랑했다. 그래서 사자가 자기가 맛있다고 생각하는 고기를 소에게 먹여주고 싶어서 고기를 주자 채식주의자인 소는 질색팔색을 했다. 마찬가지로 소도 맛있고 싱싱한 여물을 사자에게 먹여주고 싶어서 사자에게 권했으나 고기를 좋아하는 사자는 마찬가지로 질색팔색을 했다.

이 이야기를 듣고 고기를 좋아하는 나는 사자의 마음이 너무나도 이해가 되었다. 소와 사자의 사랑이야기처럼 사랑을 하면 자기가 좋아하는 걸 해주는 게 아니라 상대방이 원하고 좋아하는 것을 해주어야 한다. 만약 소와 사자가 서로에게 의견을 굽히지 않고 소는 사자에게 여물을 먹으라고 계속 강요를 하고 사자는 소에게 고기를 먹으라고 계속 강요한다면 소와 사자는 사랑을 해도 싸울 일이 많아지고 함께할 수 없게 될 것이다. 하지만 역지사지해서 서로의 다름을 인정하고 받아들여주고 이해해 준다면 소와 사자는 오랫동안 서로 아껴주고 사랑할 수 있을 것이다. 보통 사람들은 상대방이 좋아하는 것보다 내가 좋아하는 것을 해주는 것이 맞다고 생각하는 경우가 있다. 하지만 상대방을 진심으로 생각한다면 역지사지를 통해 상대방이 좋아하고 원하는 것을 해주어야 한다.

상대방과 대화할 때 서로의 의견만 앞세우면 결국에는 일이 해결되지 않을 때가 많다. 하지만 서로 상대방의 입장이 되어 생각해 본다면 '아, 저래서 힘들 수 있겠다. 나라도 그럴 수 있었겠구나' 라고 이해하게 되어 문제도 잘 풀리게 되고 배려하게 되면서 더 좋은 방향으로 나아갈 수 있을 것이다. 그렇게 된다면 서로의 사이도 더욱 돈독해질 것이다. 상대방과 문제가 잘 해결되지 않을 때 역지사지 스피치를 해보도록 하자.

머릿속으로 그림 그리듯 말하는
회화형 말하기

말을 잘하는 사람들의 특징을 가만히 들여다보면 대체로 묘사를 잘한다. 한마디로 머릿속에 그림을 그리게끔 말을 하는 것이다. 예를 들어 제주도에 여행을 가고 싶어서 펜션이 어떤지 알아본 후 예약하기 위해 여행사에 전화를 했다고 가정해 보자. 다음과 같은 두 가지의 상황으로 나뉠 것이다.

상황A

고객: "제주도에 처음 여행이라 가족들과 A펜션에 가볼까 하는데 어떤가요?"

여행사 직원: "A펜션 좋아요. 가격도 괜찮고 인기 많아요. A펜션으로 예약해 드릴까요?"

상황B

고객: "제주도에 처음 여행이라 가족들과 A펜션에 가볼까 하는데 어떤가요?"

여행사 직원: "A펜션 좋아요. 펜션이 지붕 색깔이 파랗고 지중해식 스타일로 지어져서 너무 이쁘구요. 안에 수영장도 크게 만들어놨는데 풀장에 아이들을 위한 미끄럼틀과 미니 파도풀장도 있구요. 그 옆에는 어른들이 좋아하실 만한 핫풀도 있어요. 그리고 풀장에서 나오면 바다로 연결되어 있는 산책로가 있는데 야자수랑 나무도 심어져 있어서 공기도 상쾌해요. 산책로 길도 S자 모양으로 만들어놨구요, 모래사장도 백사장이라 하얗고 이뻐서 인기가 많은 곳이에요."

두 개의 여행사 중 고객은 어떤 여행사를 선택하게 될까? 바로 후자이다. 상황B의 직원의 화법은, 일명 회화형 화법이다. 머릿속에 그림을 그리게 되는 회화형 말하기로 해당 장소를 잘 묘사하고 있고 또 묘사하는 과정에서 '이곳을 잘 아는구나'하는 생각이 들어 신뢰가 가기 때문이다.

TV에서 맛집 탐방 프로그램 리포터들은 음식 맛을 보고 시청자들에게 그 맛을 생생하게 표현해 줘야 한다. 시청자들은 TV를 보면서 리포터들이 맛있는 음식을 먹는 장면이 나오면 그 음식을 맛보고 싶고 과연 그 맛이 어떨지 궁금해한다. 근데 리포터가 음식을 먹어보고 그냥 "아, 맛있어요~" 이렇게 표현하고 만다면 시청자분들은 엄청 실망하고 김이 샌 듯한 느낌이 들 것이다.

개그우먼 김숙과 송은이가 진행하는 VIVO TV에서 보면 두 진행자가 이영자에게 전화를 걸어 이영자에게 질문하는 장면이 나온다.

"언니는 맛 표현을 옛날부터 잘했어? 언니가 얘기하면 다 먹고 싶어지잖아." 이에 이영자는 "어머니께서 예전에 일하시느라 밥을 제때 못 주셔서 머리로 늘 상상을 했어. 연탄불에 꽁치를 칼집 착착착 넣고 구운 소금을 뿌려서 노릇노릇하게 한 번에 네 마리 구워서 꽁치 갈비처럼 뜯어야겠다는 상상을 했어." 그렇게 말하자 김숙과 송은이는 "언니가 상상하면서 말하는 게 우리도 그려져, 네 마리를 굽는다잖아." 하면서 크게 웃었다.

이영자가 알려준 맛 표현 꿀팁은 바로 표현을 풍부하게 해주는 효과음과 더불어 사람들의 머릿속에 그려지고 상상을 하게끔 만들어주는 것이었다. 댓글을 보니 "맛 표현 최고!" "저 생선 안 좋아하는데 이렇게 표현하니깐 생선 구워먹고 싶어요." 등의 반응들이 주를 이루었다.

나도 이 방송을 보고 옷을 주섬주섬 챙겨 입고 나가 생선을 사와 집에서 바로 구워먹었다. 이렇게 머릿속으로 그려지게 말하는 것이 말 잘하는 사람들의 비법이다. 스피치를 잘하고 싶은 사람들이라면 한번 본인의 집, 반려견, 음식, 인상 깊었던 여행 장소 등을 떠올리며 지금처럼 이렇게 그림을 그리듯 말하는 연습을 해보자. 말로 바로 되지 않으면 노트에 써 본 후 읽으면서 연습을 해보자. 그러면 어색하지 않게 자연스럽게 표현을 잘하게 될 수 있을 것이다.

주제를 정해 회화형 스피치 써 보기

주제:

_____

_____

_____

_____

_____

_____

_____

_____

_____

_____

_____

_____

_____

_____

권유형으로 부드러운 관계
만들어주기

 말이란 아 다르고 어 다른 법이다. 같은 말이라도 말투에 따라 전혀 다른 말이 될 수 있다. 예를 들면 "이것 좀 해"라는 명령조의 말투를 "이것 좀 해주실래요?"라는 권유형으로 바꾸어 말한다면 같은 말이라도 듣는 사람의 기분이 완전히 달라지게 된다.

 성격이 욱하는 면이 있는 나는 상대방이 먼저 짜증을 내면서 내게 명령조로 말하면 갑자기 내 안의 청개구리가 생기는지 반발심이 들면서 더 하기가 싫어진다. 게다가 상대방의 짜증내는 말투 때문에 같이 짜증을 내게 된다. 직장에서도 여직원들이 직장상사에게 짜증내는 이유를 들어보면 당연하듯 말하는 명령식 말투 때문이다. 상사의 "김 비서, 커피 좀 타 와."라고 말하는 명령식 말투 때문에 짜증이 나는 것이다. 그러면 '내가 커피 심부름 하러 이

회사에 들어왔나'라는 생각이 들면서 자괴감이 든다고 한다. 만약 직장상사가 "김 비서, 미안한데 커피 좀 타다 줄 수 있을까?"라고 말한다면 이런 자괴감은 들지 않을 것이다. 그리고 부탁을 할 때 는 상황설명을 해주면 더 좋다. 예를 들면 "김 비서, 미안한데 내 가 지금 프린터기를 옮겨야 해서 커피 좀 타다 줄 수 있을까?"라 고 말이다. 그러면 바쁘시니깐 도와드려야지 하는 마음이 생기고 기분이 나빠진 채로 커피를 타지 않을 것이다. 물론 회사 직장상 사가 상황설명까지 하면서 커피를 타 달라고 하는 경우는 거의 없 을 것이다. 하지만 이런 식으로 상황설명까지 덧붙여서 권유형으 로 말한다면 아마 직장 내에서 사람이 좋다고 인기가 아주 많을 것이다. 이런 권유형 대화법은 회사생활뿐 아니라 사회생활, 인 간관계, 아이들 교육 등 모든 관계를 부드럽게 만들어 주는 역할 을 한다. 누군가에게 부탁을 할 때 명령조로 하지 말고 권유형으 로 한번 바꾸어 말해보자. "해 줘"보다 "해 줄 수 있을까?"라고 말 이다. 이런 작은 노력으로 점차 인간관계가 더 부드럽게 변화되는 것을 느끼게 될 것이다.

리액션으로 상대방과의 호감과 친밀도를 높이자

리액션의 효과를 보기 위한 실험으로 인간과 침팬지를 비교하는 영상을 본 적이 있다. 아이와 침팬지에게 블록 쌓기 놀이를 시켜봤는데 블록을 쌓는 능력은 사람과 침팬지가 비슷했다. 하지만 사람은 계속해서 블록 쌓기에 관심을 가지고 재미있어 한 반면 침팬지는 금세 그 놀이에 흥미를 잃었다. 그 이유는 바로 엄마의 리액션 때문이었다. 아이가 블록을 하나 쌓으면 엄마는 "우와~ 참 잘했어요" 라고 박수를 쳐준다. 그러면 아이가 재미있어서 또 하나 올려본다. 엄마는 또 "와우, 너무 잘한다"라는 반응을 보인다. 이렇게 아이는 한참 동안 그 놀이를 즐긴다.

그런 반면에 침팬지 엄마는 반응도 없고 관심도 없다. 그저 시큰둥하니깐 아기 침팬지는 금세 흥미를 잃고 블록에 관심을 가지지 않았다. 이처럼 리액션을 주는 것과 그렇지 않은 것은 다르다. 리액션이 주는 효과가 이처럼 중요하다는 것을 말해주는 실험이었다. 사람들은 대부분 '액션'을 취하려 하고 '리액션'은 중요하게 여기지 않는 경우가 많다. 하지만 멋진 액션도 리액션이 없다면 썰렁하다. 그리고 리액션이 있으면 상대방의 다음 액션도 신이 나서 나오는 법이다.

액션을 취했는데 리액션이 없으면 무엇인지 모르게 뻘쭘해지고 썰렁해진다. "어머, 그래서 어떻게 됐어?" "그랬구나" "수고했어, 힘들었겠다" "잘했네" 등의 리액션이 나오면 그다음 이야기가 자연스럽게 전개된다. 사람들은 호응을 잘해주면 더 신이나서 이야기 하게 된다. 심지어 어떤 여자 분은 썸을 타던 남자와 관계를 끝낸 이유가 대화할 때 리액션이 없다는 이유였다. 친구들이 리액션이 더 좋아 그 시간에 친구들을 만나는 게 더 즐겁다고 했다. SBS 정은아&김승현 좋은 아침 리포터를 할 때 스튜디오 녹화를 하러 가면 방청객 아르바이트생 분들이 계신다. 녹화 전에 리액션 연습을 하는데 조 감독님이 손을 들어 싸인을 주시면 '아~' '오~' 이런 리액션을 연습한다. 비록 짧은 말의 리액션이지만 분위기를 고조시키는 데 아주 큰 역할을 한다. 무대에서 가수가 노래를 부르고 난 후에 청중들이 앵콜도 외치지 않고 박수도 없다면 속으로

'나 노래 못 불렀나, 왜 반응이 없지?'라는 생각에 당혹감을 감출 수 없을 것이다. 리액션은 상대에 대한 관심의 적극적인 표현이고 마음을 여는 첫걸음이라고도 한다. 대화를 할 때 리액션이 없으면 말하기 싫어진다고 하는 사람도 있다. 그 이유는 리액션이 없으면 상대방이 내 말을 듣고 있지 않다고 생각되어져서 '입 아프게 더 이상 말하지 말자'라는 생각이 든다는 것이다. 그러므로 리액션을 잘해주면 내 말을 잘 들어주고 있고 공감을 해주는구나, 라는 생각에 관계가 더 친밀해진다. 다만 영혼이 없는 건성 리액션은 금물이다. 건성으로 리액션을 취하면 진심이 담겨져 있지 않기 때문에 상대방은 금방 알아채게 되고 오히려 관계의 역효과를 불러온다.

칭기즈칸은 "내 귀가 나를 가르쳤다. 나는 내 이름도 쓸 줄 몰랐으나 타인의 말에 귀 기울이며 현명해지는 법을 알았다."고 했다. 다른 사람들의 말을 잘 들어준 뒤 마음을 헤아려주며 진심으로 리액션을 해주는 것. 그것이 바로 상대방의 호감과 친밀도를 높이는 일이다. 진심을 다해 대해주는 것만큼 강력한 무기는 없으니까 말이다.

좋은 스피치는
연습으로 탄생한다

좋은 스피치는 연습으로 탄생한다. 스피치를 못한다고 주눅 들거나 포기하면 안 된다. 윈스턴 처칠, 조지 6세, 잭 웰치 등 모든 위인들이 처음부터 말을 잘한 것이 아니다. 심지어 말을 더듬기까지 했다. 하지만 모두 연습으로 극복해 냈다. 스피치 뿐 아니라 운동, 피아노, 바이올린, 게임 등 모두 반복연습을 통해 실력이 좋아진다.

스피치도 마찬가지로 자주 연습할수록 실력이 는다. 앞에서 언급했듯이 녹음해서 들어보고 자신의 단점을 메모한 후 그 부분을 고치려고 노력하면서 다시 녹음해서 들어보는 반복연습을 한다. 그리고 스피치를 잘하려면 책이나 신문, 기사 등 글을 많이 읽는 것이 좋다.

자꾸 읽을수록 나도 모르게 어휘력이 풍부해진다. 토크계의 전설 래리 킹도, 오프라 윈프리도, 방송국의 소위 잘나가는 아나운서들도 연습을 꾸준히 한 사람들이다. 전현무 아나운서는 매일 일기를 써서 글솜씨가 말솜씨가 되어 MC계의 손흥민이 되었다고 인터뷰를 한 적이 있다. 전현무 아나운서처럼 일기나 글을 쓰는 것도 스피치 실력이 향상되도록 도와준다. 그리고 스피치 연습이 잘 되지 않아도 짜증을 내거나 부정적인 말을 하지 않아야 한다. 왜냐하면 말이 씨가 된다는 그 말은 과학적으로도 사실이기 때문이다. 우종민 박사의 '티모스 실종사건' 중에는 이런 내용이 나온다.

평소에 자주 하는 말을 아주 중요하게 생각해야 해.
"아 짜증나, 난 맨날 이 모양이야."
이런 말을 자주하면 그 말이 청각기관을 거쳐 뇌에 입력이 되어버려 그렇게 되면 독한 스트레스 호르몬이 죽죽 분비되어, 결국 완전 짜증나는 상태로 만들어 버리는 거야. '말하는 대로 이루어진다'라는 말은 그래서 과학적이라구.

– 우종민 박사, '티모스 실종사건' 중에서

말은 뇌와 생각을 지배한다. 그래서 좋은 말과 긍정적인 말을 많이 하면 더 좋은 결과를 낳게 된다. 스피치 연습이 쉽지 않다는 이유로, "짜증나, 난 안 되나 봐." "나 바본가? 포기할까?"라는 말을 내뱉을지도 모른다. 하지만 이런 짜증의 말들은 접어두기로 하자. 말이 씨가 된다는 속담이 과학적으로 사실로 입증되었으니 짜증의 말보다는 긍정의 말로 나침반을 바꾸어주자. "오, 조금이지만 늘었어." "역시, 난 가능성이 있어." 라는 말로 나 자신에게 칭찬의 말, 긍정의 말을 던져주자. 반복연습과 더불어 긍정의 말도 자신에게 해주고 일기 같은 글쓰기 연습과 독서를 많이 한다면 어느새 스피치를 잘하는 사람이 되어 있을 것이다.

'행복에너지'의 해피 대한민국 프로젝트!
〈모교 책 보내기 운동〉

대한민국의 뿌리, 대한민국의 미래 **청소년·청년**들에게 **책**을 보내주세요.

많은 학교의 도서관이 가난해지고 있습니다. 그만큼 많은 학생들의 마음 또한 가난해지고 있습니다. 학교 도서관에는 색이 바래고 찢어진 책들이 나뒹굽니다. 더 럽고 먼지만 앉은 책을 과연 누가 읽고 싶어 할까요?
게임과 스마트폰에 중독된 초·중고생들. 입시의 문턱 앞에서 문제집에만 매달리 는 고등학생들. 험난한 취업 준비에 책 읽을 시간조차 없는 대학생들. 아무런 꿈 도 없이 정해진 길을 따라서만 가는 젊은이들이 과연 대한민국을 이끌 수 있을까요?

한 권의 책은 한 사람의 인생을 바꾸는 힘을 가지고 있습니다. 한 사람의 인생 이 바뀌면 한 나라의 국운이 바뀝니다. **저희 행복에너지에서는 베스트셀러와 각 종 기관에서 우수도서로 선정된 도서를 중심으로 〈모교 책 보내기 운동〉을 펼치 고 있습니다.** 대한민국의 미래, 젊은이들에게 좋은 책을 보내주십시오. 독자 여 러분의 자랑스러운 모교에 보내진 한 권의 책은 더 크게 성장할 대한민국의 발판 이 될 것입니다.

도서출판 행복에너지를 성원해주시는 독자 여러분의 많은 관심과 참여 부탁드리 겠습니다.

도서출판 **행복에너지** 임직원 일동

추천사

최상주
KMH 아시아 경제그룹 회장

    기업을 운영하다 보면 아무래도 새로운 사람들을 많이 만나게 됩니다. 수많은 부류의 사람들과 여러 방면에서 접촉하다 보면 '저 사람과는 꼭 같이 일하고 싶다', '참 말을 잘한다'라는 생각이 드는 사람들을 만나게 되는데 그들은 상대방의 기분을 좋게 만드는 미소와 자신의 생각을 정확하고 명료하게 전달하는 능력을 가지고 있습니다. 글로벌 리더쉽 스피치 교육 부문 대상 수상자이자, 활발한 스피치 강의 활동을 하고 있는 이 책의 저자 김채현 아나운서는 상대방의 기분을 좋게 만드는 미소를 가지고 있고 생각을 명쾌하게 전달하는 사람입니다. 그리고 주변사람들에게 밝은 목소리와 긍정적인 스피치로 주변을 환하게 밝혀주는 등불 같은 방송인입니다. 저자를 만나 처음 대화를 나눴을 때 자신의 생각과 목표를 간결하게 전달하고 상대방의 말에 경청하는 태도를 보며 이 사람은 단순히 방송에 나오고 싶어서 아나운서가 된 사람이 아니고 자신의 삶에 명확한 목표가 있어 아나운서라는 직업을 선택한 사람이구나, 참 긍정적인 사람이구나 라고 생각을 했던 기억이 납니다. 저자의 두 번째 책인 이 책『슬기로운 스피치 생활』에서는 처칠, 닉슨, 조지 6세 등 연설을 통해 세상을 바꿨던 위인들의 이야기가 나옵니다. 사실은 그들도 많은 단점 때문에 고민하고 노력했던 이야기를 통해 스피치 능력은 후천적으로 개발될 수 있는 것이라고 말하고 있습니다. 이 책은 위인들이 그랬던 것처럼 보통사람들인 우리도 바른 방법으로 의지를 가지고 연습한다면 강력한 스피치 능력을 갖출 수 있다고 말하며 희망의 메세지를 전달하고 있습니다. 매력적인 목소리 만드는 방법은 물론 스피치 능력을 키우기 위한 구체적인 연습 방법까지 제안하고 있는 이 책을 통해 면접을 준비하고 있거나 대중 앞에서 자신의 이야기를 펼쳐야 하는 상황에 계신 분들에게는 이 책『슬기로운 스피치 생활』은 중요한 필독서가 될 것입니다.

김성곤

현) 서울대 명예교수/다트머스대 객원교수
전) 조지 워싱턴대학교 초빙석학 교수

'글로벌 리더쉽 스피치 교육 대상' 수상자이자, 방송활동과 더불어 굵직한 행사들의 MC로 그 실력을 인정받은 김채현 아나운서의『슬기로운 스피치 생활』은 세련된 스피치가 어떻게 우리의 삶과 경력을 성공으로 이끄는가를 잘 보여주고 있는 주목할 만한 필독서이다. 이 책을 읽으며 우리는 재치, 표정, 유머감각, 진정성, 매력적인 목소리 만드는 방법, 그리고 긍정적인 말투의 중요성을 깨닫게 되고, 역사를 바꾼 위인들의 멋진 스피치도 배우게 된다. 이 책은 언어를 통해 의사소통을 하는 인간의 삶은 그 자체가 곧 '슬기로운 스피치 생활'이라는 사실을 깨닫게 해준다.

김기곤

전) 삼육대학교 총장, 신학박사

　김채현 아나운서가 스피치에 대한 두 번째 책을 냈다. 김채현 아나운서는 방송활동과 교육활동 그리고 각종 국내외 행사의 MC로서 부지런한 활동을 펼치고 있다. 그는 또한 스피치 교육과 인성교육 분야에 공헌이 많아서 글로벌 리더쉽 스피치 교육대상과 대한민국 인성교육 대상을 수상했으며 방송인으로서 기부문화 공헌 대상을 받았을 만큼 그의 교육철학을 실천에 옮기는 언행일치의 방송인이기도 하다. 현대인에게 소통과 말하기(스피치)는 이론이 아니라 삶이고 생활이다. 스피치는 기술이 아니고 예술이다. 단순한 의사 전달의 수단이 아니고 우리의 행복과 성공을 좌우하는 삶의 중요한 요소인 것이다. 진정성 있는 사람과 인성과 감사가 뒷받침되어야만 비로소 슬기로운 빛을 발하는 예술이다. 그런 의미에서 이 책은 많은 것을 시사해 주고 있다. 저자는 사랑과 감사가 포함된, 긍정적이며 진심어린 스피치가 얼마나 우리를 행복하게 하며, 우리의 삶을 성공적으로 만드는지 역사적인 인물들을 예로 들어 재미있게 기록하고 있으며 또한 성공적인 스피치의 요소들을 설득력 있게 설명하고 있다. 이 책을 읽는 분들이 많은 유익을 얻고 삶의 변화를 가져올 것이라고 믿는다.

박영숙
한국여성언론협회 총재

　여성들의 활동과 활약이 점점 많아지고 있는 이 시대에 좋은 스피치는 여성들에게 필수이다. 여성언론협회 총재활동을 하면서 여성들의 자신감 있는 스피치에 늘 중요성을 느끼고 있었는데 긍정적이고 자신감 불러일으키는 스피치, 매력적인 목소리 만드는 방법까지 있는 이 책은 당연히 우리 여성의 매력과 자존감을 높이는데 더할 나위 없는 필독서임을 강조한다.

박세정
전) 남양주시 다산행정복지센터장

　직장생활에서 업무능력도 중요하지만 그보다 더 중요한 것이 소통이라 생각합니다. 오랜 공직생활 동안 어떻게 하면 제가 표현하는 것들이 오해 없이 잘 전달되었는지 걱정과 고민을 했었고 정확한 발음과 자신감 연습을 하기 위해 스피치를 배운 일들이 직장생활을 하면서 큰 도움이 되었던 기억들이 납니다. 이 책은 저와 같은 고민을 하는 분들에게 좋은 영양제가 될 것이고 나를 더 매력적인 사람으로 만들어 줄 것입니다.

우덕수

한국신문방송인 클럽 상임 부회장

 김채현 아나운서, 오랜 시간 동안을 아나운서와 리포터로 활동하면서 쌓은 말하기의 내공이 늘 궁금했다. 그러던 찰나에 이렇게 한 권의 책으로 접하게 되니 무척 반가운 마음이 든다. 이 책『슬기로운 스피치 생활』은 김채현 아나운서가 몸소 겪은 경험담을 바탕으로 한 말하기 비법이 담겨 있다. 단순한 스피치 기술 연마에서 그치지 않고 거기서 한 걸음 더 나아가 관계의 원활한 소통을 고민한 흔적들이 책의 곳곳에 남아 있다. 인간관계의 기본은 곧 소통이다. 잘 듣는 사람이 곧 말도 잘하는 법이다. 그렇다면 어떻게 듣고, 또 어떻게 말해야 할까? 이 책 안에 답이 있다. 보다 건강한 소통법을 고민하는 분들에게 일독을 권한다.

이태운

DSD 삼호아트센터장

　지구상에 존재하는 수많은 생물체들은 각자 자기들만의 상호의사표현을 가지고 있으며, 이를 통해 공동체생활을 유지할 수 있다고 생각합니다. 그중에서도 우리 인간은 다양한 언어를 가지고 이를 사용하여 소통과 공감의 영역을 유지합니다. 아울러 서로의 생각과 감정을 교류하면서 수많은 갈등 해소와 고통의 분배를 실현하고 있습니다.

　하지만 아무리 좋은 언어를 가지고 있다고 해도 오히려 부족한 표현과 전달로 오류를 일으킨다면 그보다 더 어렵고 불행한 상황은 없을 것입니다.

　오늘, 김채현 님의 어른들을 위한『슬기로운 스피치 생활』책을 접하며 이제 많은 분들이 정확하고 올바른 스피치를 통해 소통과 공감의 영역을 넓히고 각자의 생각과 감정을 다양하게 교류하며 꿈과 희망, 그리고 행복을 공유할 수 있으리라 느낍니다. 그렇기에 저는 너무 반가운 마음에 이 책을 준비해주신 저자에게 축하와 감사의 인사를 드립니다.

김경태
우리용인새마을금고이사장
전) 청와대 행정관, 국회의장 비서관

　김채현의 책『슬기로운 스피치 생활』이 출간되었다. 이 책은 저자의 생생한 방송 활동과 이론을 바탕으로 축적된 노하우를 결집한 책이라고 할 수 있다.

　훌륭한 스피치란 무엇인가라는 고민과 함께 효과적인 소통을 위한 체계적이면서도 전문적인 컨텐츠들로 잘 구성되어 있다.

　김채현 아나운서의 저서가 스피치 네비게이션으로서의 역할을 다해 줄 것이라 확신한다. 극한의 행복은 아름다운 언어를 통해서 이루어진다. 행복하고 아름다운 관계를 꿈꾸는 독자들에게 일독을 권하고 싶다.

김재수

국제 언론인클럽 김재수 이사장

　살면서 한 번쯤은 말하기에 관한 고민을 해본 사람이 있을 것이다. 그때 그 상황에서 이렇게 말했더라면 상황이 달라지지 않았을까, 하는 고민을 해본 적도 있을 것이다. 그때마다 누군가에게 조언을 구해야 할지 알 수 없어 그냥 넘겨버린 적도 있었다. 김채현 저자의 『슬기로운 스피치 생활』은 이런 고민을 하는 사람들을 위해 쓰인 책이다. 어떻게 하면 보다 슬기롭고 현명하게 대화를 이어나갈까, 하는 고민과 갈등 속에서 씌어졌다. 스피치를 할 때의 마음가짐부터 다잡게 될 것이다.

오진아

인제대학교 간호학과 교수
『신화의 쓸모』저자

어떤 자기계발서보다도 글에서 작가의 예쁜 마음이 묻어나는 좋은 책이다. 잘 알려진 처칠과 케네디와 조지 6세의 스피치에서부터 역사를 바꾼 위인들의 에피소드를 담아 스피치의 중요성을 친절하게 담아냈다. 방송인이 꿈이 아니라도 아나운서처럼 매력적으로 말하는 방법을 익혀둔다면 모든 만남을 의미 있게 바꿀 수 있을 것이다. 매일매일을 즐겁게 시작하고 주저하지 말고 이 책의 첫 페이지를 열어보자.

박기태
변호사(법무법인 세종)
전) 서울중앙지검 검사

　사회적 동물인 인간에게 가장 중요한 능력 중에 하나는 자기표현 능력이라 할 것이고, 자기표현의 가장 기본적인 형태가 바로 '스피치'일 것이다.

　12년 전 초임검사 시절 대검찰청에서 법정 스피치 교육을 받았던 기억이 난다. 검사는 자신의 논리로 다른 사람을 설득하여야 하고, 설득의 방법은 결국 스피치를 통해 완성될 수 있기에 초임 검사에게 스피치 교육을 받게 하였던 것 같다.

　김채현 아나운서의 『슬기로운 스피치 생활』을 읽으면서 12년 전 초임검사 교육에서 미처 배우지 못했던 스피치 방법을 알게 되었고, 변호사로 새롭게 출발하던 시점에 반드시 필요한 효과적인 대화 능력에 대해서도 깨닫게 되었다.

　요즘에는 면접이 취업에 중요한 평가요소가 되었고, 최근 로스쿨에서도 면접을 통해 자신의 생각을 명료하게 보다 효과적으로 전달하는 능력을 평가하고 있으니, 이 책은 취업을 준비하는 분들뿐만 아니라 법조인을 꿈꾸는 사람들에게도 필독서라고 할 수 있겠다.

이동일

이동일(법무법인 에너지 대표변호사)

소통의 시작은 듣기와 스피치다. 김채현 아나운서의 긍정적인 에너지를 담은 친절한 스피치 교과서, 변론, 증인신문 등 법정 스피치 능력 향상을 위해 법조인들에게도 추천하고 싶은 책이다.

김미숙
94년 미스코리아 미/(사)미스코리아 녹원회 회장 역임
현) (사)더불어함께사는세상 이사

　오랜 기간 동안 방송현장에서 필요한 순발력 있는 인터뷰와 진정성 있는 진행으로 인정받고 있는 김채현만의 매력이 팡팡 터지는 스피치 노하우를 책을 통해 누구나 접할 수 있게 된다니 더없이 기쁘고 반가운 마음입니다.

　미스코리아 대회 때 가장 떨렸던 순간은 바로 스피치를 해야 할 때였습니다. 미스코리아 대회 때 가장 중요한 것은 심사위원과 시청자분들께 나를 알리는 스피치입니다.

　'슬기로운 스피치 생활'을 통해 앞으로 미스코리아 대회에 도전하는 후배들에게 '나'만의 색깔과 매력을 마음껏 표현할 수 있는 슬기로운 스피치 생활을 필독하길 권합니다.

　'나'의 생각과 가치관을 잘 표현하고 어느 누구와도 잘 소통할 수 있는 당신이야말로 진정한 '나'이고 대한민국의 미를 알리는 미스코리아의 아름다운 모습이니까요.

송종국
스포츠해설사
전) 축구선수

전 축구선수 송종국입니다. 어릴 적 저는 내성적인 성격이라 초중 고등학교를 다니면서 자신 있게 손 들고 발표라는 걸 해 본 적이 없었습니다. 두렵고 떨리는 마음 때문이었지요.

수업시간에 여러 명이 모인 곳에서 적극적으로 나서서 말하는 친구들이 부러웠습니다. 은퇴 후, 방송 활동을 시작 하면서 예능프로그램과 축구해설, 강연도 하게 되었는데 스피치가 상대방과 소통하는 데 얼마나 중요한 요소인지 다시 한번 깨닫게 되었습니다.

몇 해 전 김채현 아나운서의 『스토리텔링 발표왕』을 읽고 말 한마디 한마디가 나의 가치를 높이고 낮출 수 있다는 사실을 알게 되었고 말할 때의 강약 조절을 어떻게 하느냐에 나를 향한 상대방의 집중도 역시 달라진다는 걸 알게 되었습니다.

지금도 매일 복식호흡을 하면서 힘 있는 목소리를 만들 수 있도록 노력중입니다. 복식호흡을 하고 나니 그 전에 부르기가 어려웠던 노래도 할 수 있게 되면서 복식호흡의 중요성을 느끼게 되었습니다.

　『슬기로운 스피치 생활』을 통해 여러분들이 사람들 앞에서 숨지 말고 당당히 스피치 할 수 있는 멋진 분들이 되길 바랍니다. 송종국이 해냈다면 이 책을 읽는 독자 분들 역시 스피치 왕이 될 수 있습니다. 화이팅!!

행복하고 슬기로운 말하기를 통해
여러분의 마음에도 선한 에너지가 깃들기를 기원합니다

권 선 복

도서출판 행복에너지 대표이사
열린사이버대학교 사회복지학과 특임교수

사람은 평균적으로 하루에 7만 개의 단어를 내뱉으며 산다고 합니다. 이처럼 말하기란 우리생활과 밀접한 관련이 있습니다. 학교에서 혹은 회사에서 마주치는 말하기의 상황들을 때로는 종종 일상 속에서도 스피치의 상황에 직면하곤 합니다. 그럴 때마다 어떻게 말해야 할지 몰라 허둥대거나 말을 얼버무렸던 적이 누구나 한 번쯤은 있을 것입니다.

그렇다면 좋은 말하기란 무엇이며 또 스피치라는 것은 어떻게 하는 것일까요. 이러한 물음에 대한 답을 제시하기 위해 이 책『슬기로운 스피치 생활』이 탄생했습니다. 이 책은 아나운서이자 리포터로 오랜 경력을 쌓아온 김채현 저자가 현장에서 갈고 닦은 스피치 실력을 바탕으로 스피치의 방법에 관해 이야기하고 있는 책입니다. 발성법부터 시작해서 매력적인 목소리 만드는 방법까지 저자의 내공이 실린 비법들을 이 한 권에 담았습니다. 스피치 못지않게 중요한 것이 바로 목소리라고 합니다. 이 목소리란 훈련만으로도 얼마든지 좋아질 수 있다고 합니다. 이처럼 청중들에게 호감 가는 목소리를 만드는 훈련부터 시작해서 스피치의 설득력을 강화시켜줄 표현법 등 강연을 위한 다양한 스킬이 공개됩니다. 또한 강연장이나 발표회 같은 공식적인 석상이 아니더라도 일상생활에서 주고받는 말하기에 관한 이야기도 하고 있습니다. 어떻게 하면 보다 건강한 말하기생활을 할 수 있을지, 고민하고 계신 분이라면 이 책이 큰 도움이 될 것입니다.

잔잔한 교훈으로 마음을 울리는 낭독문을 전문가의 목소리로 직접 녹음한 MP3 및 동영상 파일이 제공되어, 생생하게 듣고 따라서 읽다 보면 스피치 연습은 물론 마음의 평안까지 찾게 됩니다. 또한 진단부터 노하우, 실전 트레이닝까지 스스로 할 수 있도록 알차게 구성되어 있어 말을 더 잘하고 싶은 사람, 말을 더 잘해야만 하는 사람들에게 훌륭한 길잡이가 되어줄 것입니다.

저자는 말하기 방법이 달라지면 인생이 달라질 수 있다고 말합니다. 그리고 변화의 가장 중요한 핵심은 상대방에게 말을 건넬 때 조금 더 부드럽고 온화한 목소리와 표정으로 말하라는 것입니다. 그런 자세로 대화에 임하면 관계에도 긍정적인 변화가 일어난다는 것이지요. 어떻게 달라지는지 체험해 보고 싶은 분들에게 이 책을 추천합니다. 이 책을 읽는 여러분의 마음에도 긍정적이고 선한 에너지가 깃들기를 기원합니다.

번아웃: 이론, 사례 및 대응전략

이명호, 성기정 지음 | 값 25000원

최근 사회적으로 큰 이슈를 불러일으키고 있는 '번아웃 증후군'에 학문적으로 접근하여 이론적인 기반을 세우는 한편 사례조사를 통한 대응 원칙을 세우는 것을 목표로 하고 있는 책이다. 번아웃의 원인, 결과, 그리고 이에 대한 대응전략이라는 큰 틀 속에서 번아웃의 증상을 유형화하고, 번아웃 이론을 소개하였으며, 번아웃의 측정문제를 다루었다. 특히 의사들을 연구대상으로 한 저자의 박사학위논문 연구결과를 사례로 제시하여 현장성을 높였다.

초심으로 읽는 글로벌 시대 손자兵法 해설

신병호 지음 | 값 25000원

이 책은 2500년이 지나도 그 가치가 퇴색되지 않는 고전 중의 고전, 손자병법을 깔끔한 해설과 학습자료를 구비하여 재탄생시킨 저서이다. 저자 신병호 장군의 군 복무 및 강의 경력에 기반해 한글뿐만 아니라 중국어 원문과 영어해석을 곁들이고 '러블리 팁'과 오늘의 사유(思惟)를 통해 자기계발과 인문학적 지식을 모두 가져갈 수 있도록 돕는 신개념의 손자병법 해설서다.

리콴유가 전하는 이중언어 교육 이야기

리콴유 지음, 송바우나 옮김 | 값 22000원

이번에 번역 출간되는 『리콴유가 전하는 이중언어 교육 이야기』는 리콴유 초대 싱가포르 총리가 싱가포르 건국 후 적지 않은 반대에도 불구하고 싱가포르를 이중언어 사용 국가로 변모시켜 나가는 과정, 그리고 그 후의 평가를 담고 있다. 비록 많은 점이 다르긴 하나 정치, 경제, 문화의 세 가지 차원에서 과감하게 전개된 싱가포르 이중언어 교육 정책의 역사는 대한민국에도 큰 화두가 될 수 있을 것이다.

코로나 이후의 삶

권기헌 지음 | 값 16,000원

본서는 2020년 COVID-19 사태를 맞이해 이미 시작되고 있는 전 세계적 새로운 패러다임 속에서 참된 나를 찾아가는 여정을 설명하고 있다. 나는 육신에 갇힌 좁은 존재가 아니라 무한하고 완전한 존재라는 것이 이 책이 담고 있는 생의 비밀이자 핵심이다. 저자가 소개하는 마음수련의 원리를 따라가면 어느새 본서에서 제시하는 몸과 마음에 관한 비밀에 매료되는 자신을 발견하게 될 것이다.

지금 중요한 것은 마케팅이다

신윤창 지음 | 값 20000원

신윤창 저자의 이 책 『지금 중요한 것은 마케팅이다』는 전사적 마케팅 개념을 기반으로 하여 마케팅의 원론을 풀어나가고 있는 책이다. 마케팅을 진행하는 사람이라면 꼭 알아야 하는 전략들을 읽기 쉽고 일목요연하게 이해될 수 있도록 돕고 있다. 더불어 저자 본인이 실제 수행했던 마케팅 전략을 통해 실제 마케터의 위치에 선 독자들의 고민과 갈증에 도움을 줄 수 있는 가이드북이 될 것이다.

한 권으로 종결하는 약국 브랜딩

심현진 지음 | 값 17000원

600명 이상의 약사 회원을 단 6개월 만에 끌어들이며 다양한 채널을 통해 많은 약사들의 멘토로 활약 중인 저자 심현진 약사는 경쟁사회 속에서 살아남는 유일한 방법은 차별화된 퍼스널 브랜딩이라고 단언한다. 경험에 기반한 퍼스널 브랜딩의 명확한 가이드라인을 제시하는 한편 약사라는 직업에 대한 깊은 고찰을 바탕으로 모두가 함께 승리자가 될 수 있는 방법을 제시하는 점이 인상적이다.

인생은 정면돌파

박신철 지음 | 값 17000원

늦깎이 공무원으로 시작하여 해양수산부, 농림수산식품부에서 실질적 혁신을 주도하였고, 국립수산물품질관리원 원장을 끝으로 용퇴하여 현재 수협중앙회 조합감사위원장으로 재직하고 있는 박신철 저자의 인생과 신념을 담은 에세이다. 국민의 이익과 정의를 위해 자신이 부서지는 한이 있어도 정면돌파로 극복해 나갔던 그의 삶은 공무원에 대한 많은 이들의 편견을 걷어내는 데에 큰 도움이 되어 줄 것이다.

어떻게 하면
중소기업이 대기업이 될 수 있나

홍석환 지음 | 값 17000원

본 서는 삼성전기, GS칼텍스, KT&G 등 유수의 회사에서 31년여간 인재개발과 인사전략 업무를 해온 홍석환 저자가 제언하는 중소기업의 성장을 위한 조언이다. 특히 수년간 중소기업 대상의 기업 컨설팅과 강의 활동을 하면서 경험한 내용을 바탕으로 중소기업의 성장을 방해하는 일곱 가지 고질적 문제점과 다양한 사례를 바탕으로 타산지석의 조언을 전개하고 있다.

하루 5분, 나를 바꾸는 긍정훈련

행복에너지

'긍정훈련' 당신의 삶을
행복으로 인도할
최고의, 최후의 '멘토'

'행복에너지
권선복 대표이사'가 전하는
행복과 긍정의 에너지,
그 삶의 이야기!

권선복

도서출판 행복에너지 대표
영상고등학교 운영위원장
대통령직속 지역발전위원회
문화복지 전문위원
새마을문고 서울시 강서구 회장
전) 팔팔컴퓨터 전산학원장
전) 강서구의회(도시건설위원장)
아주대학교 공공정책대학원 졸업
충남 논산 출생

권선복 지음 | 20,000원

책 『하루 5분, 나를 바꾸는 긍정훈련 - 행복에너지』는 '긍정훈련' 과정을 통해 삶을 업그레이드하고 행복을 찾아 나설 것을 독자에게 독려한다.

긍정훈련 과정은 [예행연습] [워밍업] [실전] [강화] [숨고르기] [마무리] 등 총 6단계로 나뉘어 각 단계별 사례를 바탕으로 독자 스스로가 느끼고 배운 것을 직접 실천할 수 있게 하는 데 그 목적을 두고 있다.

그동안 우리가 숱하게 '긍정하는 방법'에 대해 배워왔으면서도 정작 삶에 적용시키지 못했던 것은, 머리로만 이해하고 실천으로는 옮기지 않았기 때문이다. 이제 삶을 행복하고 아름답게 가꿀 긍정과의 여정, 그 시작을 책과 함께해 보자.